婚活学講座

尊敬婚のすすめ

植草美幸〔著〕

幸せな結婚を
手に入れるために
学ぶべきこと

Things to learn to get a
happy marriage

評言社

プロローグ——婚活を学ぶ時代

「35歳を過ぎてから結婚できる女性は、100人に1人！」
「40歳を過ぎて結婚できる女性は、なんと1000人に4人！」

というデータがあります。

今の日本には「婚活難民」「恋愛難民」があふれています。恋愛をしたいのに相手が見つからない、結婚したいと強く望んでいるのにできない、そんな人々が大勢いる。

——これはまぎれもない事実です。

私が運営している結婚相談所「マリーミー」には、毎日、日本全国から、そして海外からも問い合わせが殺到しています。特に最近多いのは、30歳から40代前半のバリバリ仕事をしている女性からの問い合わせです。なかには、会社を経営していたり、大学教員、医師や会計士・税理士など、社会的な地位もあり、1000万円以上の年収を得ている方も少なくありません。皆さん高学歴で知的レベルが高く、外見だっ

て素敵な女性ばかりです。端から見れば「お相手なんていくらだっているでしょう」と思われるに違いない、そんな彼女たちが、

「どうすれば理想の相手と結婚できるのでしょうか?」

と訴えてくるのです。結婚につながる良縁に恵まれないどころか、恋愛のチャンスすらないという方も少なくないようです。

なぜ彼女たちは結婚できないのでしょうか。

その原因は、どうすれば結婚相手を見つけられるのか、どうすれば結婚までたどり着けるのか……つまり〝婚活〟というものを知らない、その方法がわからないからだと思うのです。

そんな女性たちのために、私は本書『婚活学講座 尊敬婚のすすめ』を執筆しました。

今の地位や仕事を手に入れるために、人一倍の努力をし、勉強してきた方たちです。学んだことを自分のものにし、実践するのはお手のものでしょう。どうすればいいのかがわかって動き出せば、結果はおのずとついてくるはずです。

婚活の方法を知っているか知らないかで、結果も大きく違ってきます。

今は婚活を学び、実践し、幸せな結婚を自らの力で勝ち取る時代だと考えます。

結婚とは、本当に素晴らしいものです。ひとりで戦い続けるのではなく、ふたりで生きる人生なら、今よりもずっと幸せになれるはずです。

この本で、成婚率80％の婚活アドバイザー・植草美幸が婚活学のすべてを伝授します。私の言うことを信じて実行し、素敵な出会いを自らつくりだし、幸せな恋愛をして、恋愛から結婚へと一直線に進んでいってください。

平成28年10月

植草　美幸

もくじ◎婚活学講座 尊敬婚のすすめ

Chapter 2

婚活を始めよう　31

Chapter 3

実践「婚活講座」 77

Chapter 4

Chapter 1

結婚する？　しない？
——今どき結婚事情から考察する

1 未婚男女が増えているのはなぜ？

✼リアルな結婚事情を知っていますか

あなたは「生涯未婚率」という言葉を聞いたことがありますか。

これは人口統計の用語で、50歳になった時点で一度も結婚をしたことがない人の割合を意味し、「45〜49歳」ならびに「50〜54歳」の人の未婚率の平均値から、「50歳時」の未婚率（結婚したことがない人の割合）を算出したものです。

調査の時点で50歳・未婚の人は、将来的にも結婚する可能性が低いと考えられるため、「生涯独身でいる人がどれくらいいるか」を示す統計指標として使われます。

１９７０年代までは、生涯未婚率は２％程度という極めて低いレベルで安定してい

性別生涯未婚率

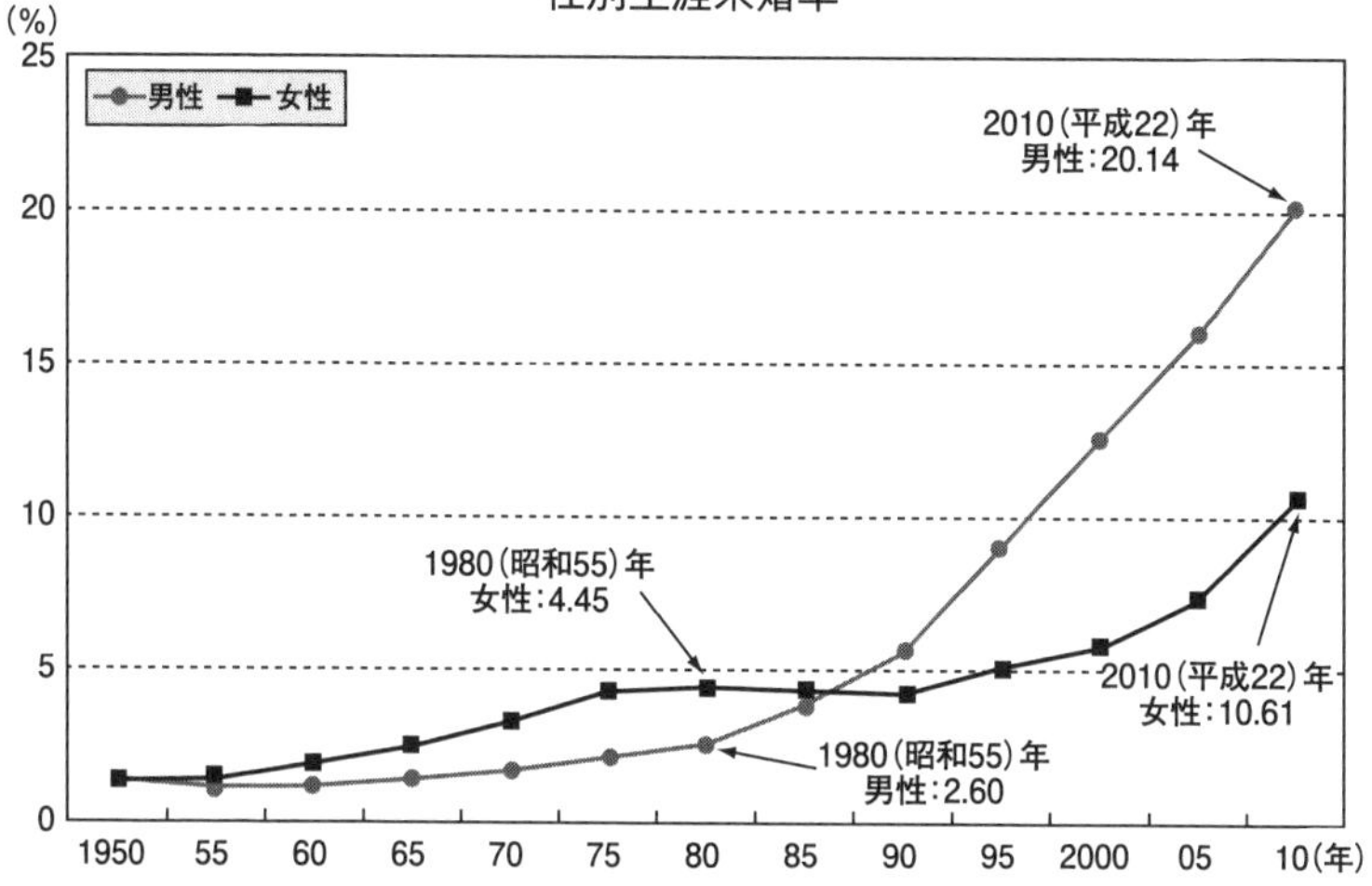

資料：国立社会保障・人口問題研究所「人口統計資料集 2014」
注：生涯未婚率は、45～49 歳と 50～54 歳未婚率の平均値であり、50 歳時の未婚率

ました。２０００年頃でも10％未満という少ない数字であったのが、近年は上昇傾向にあり、晩婚化・非婚化・少子化といった問題が一層深刻になっていくと予想されています。

具体的に見てみましょう。

国立社会保障・人口問題研究所の「人口統計資料集（２０１４年）」によると、２０１０年の生涯未婚率は、男性が20・14％、女性が10・61％でした。

かつては2％程度だった**「生涯未婚率」が、男女ともに大幅に上昇し**ています。

これは**男性の5人に1人、女性も10人に1人は生涯結婚しない**ということです。

2015年の国勢調査の結果はまだ速報値しか出ていませんが、さらに生涯未婚率は上がっており、いまや日本は世界有数の「結婚しない人が多い国」になっています。

なぜ日本人は結婚しなくなってきているのでしょうか？

✻35歳を過ぎると100人のうち99人は結婚できない

次に未婚率で見てみましょう。

平成12年に実施された国勢調査によると、当時35歳〜39歳だった男性・女性の未婚率は13・9％でした。

その10年後の平成22年に行われた追跡調査によると、45歳〜49歳になった男性・女性（男女とも平成12年時は35歳〜39歳）の未婚率は12・6％でした。

13・9％と12・6％、その差は1・3％にすぎません。つまり、**35歳〜39歳だった男性・女性の独身者が10年後に結婚できたのは、わずかに1・3％**しかいないということです。

1・3％といえば、およそ100人に1人の割合です。**35歳以降は100人に1人の割合でしか結婚することができない**、というのが現実です。ちょっとびっくりする数字ですね。

でも考えてみてください。10代、20代の頃は、次々と新しい恋が芽生えたかもしれません。会社の上司や親戚の伯母さんから、それとなくお見合いをすすめられることがあったかもしれません。

ところが30歳を過ぎると、だんだん声がかからなくなっていきます。上司が部下の女性に結婚をすすめたりすると、パワハラやセクハラともなりかねない時代ですから、それも致し方ないことだといえます。

今は仕事が忙しいので恋愛どころじゃないとか、自由な生活を楽しみたいからまだ結婚はしたくないとか言っているうちに、いつしか30代をすぎて、気がつけば40代に突入していた、なんてことはよくあるのです。けっして「100人に1人なんて数字上のこと」などと言ってはいられないとわかるはずです。

✼結婚したい人が減っている

株式会社明治安田生活福祉研究所が、2016年3月に全国の20歳〜49歳の男女3595人を対象に行った「20〜40代の恋愛と結婚—第9回結婚・出産に関する調査より—」を見てみると、**「結婚したい」と考える人が大幅に減少**しているのがわかります。

20〜40代の未婚の男女に、結婚に対する気持ちを質問したところ、結婚願望がある人（「できるだけ早く結婚したい」＋「いずれ結婚したい」）は、

- 20代男性38・7％（2013年時調査67・1％）
- 20代女性59・0％（　〃　82・2％）
- 30代男性40・3％（　〃　52・9％）
- 30代女性45・7％（　〃　60・3％）

この数字は、3年前の2013年度調査から大きく低下しています。かろうじて40

結婚に対する意向（20～ 40代未婚の男女）

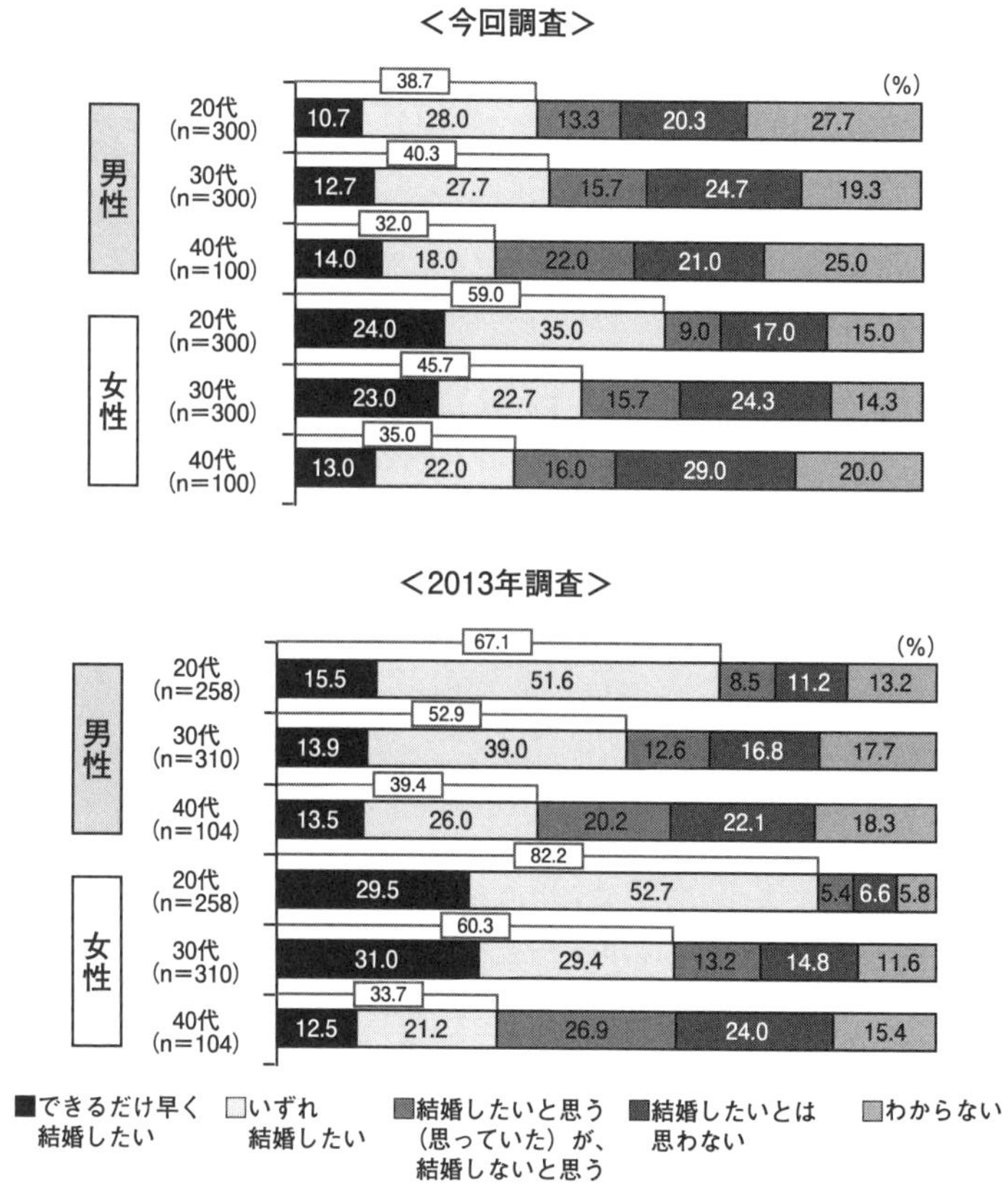

出所：明治安田生命福祉研究所「20～40代の恋愛と結婚―第9回結婚・出産に関する調査より―」（2016 年 3 月）

代女性で若干上昇しているものの、全体的には「結婚したい」と考えている人は大きく減っています。

一方、**「結婚したいとは思わない」人は増加**していて、

- 20代男性20・3％（2013年時調査11・2％）
- 20代女性17・0％（〃　6・6％）
- 30代男性24・7％（〃　16・8％）
- 30代女性24・3％（〃　14・8％）

わずか3年で、結婚に対する意識がこのように変化しているのです。

日本はすでに**「結婚することが当然」と考えなくなっている社会**になっているということです。

これでは、政府が人口1億人確保を目指して「人口ビジョン」とそのための「総合戦略」の立案を各自治体に求めても、非婚化に向かっているトレンドを堰き止めることはできません。これが今の日本社会の実態なのです。

✼恋人のいない30代男性はなんと80%以上！

前出の2016年の明治安田生活福祉研究所の調査によれば、恋人がいる人の割合も大幅に減少しています。

- 20代男性22・3%（2013年時調査33・3%）
- 30代男性18・0%（〃17・1%）
- 20代女性33・7%（〃42・6%）
- 30代女性26・7%（〃36・8%）

恋人がいる割合は男性よりも女性のほうが少し高くなっていますが、これらの数字を逆算すると、「いま恋愛をしていない・恋人はいない」男性が、20代・30代で8割もいるということです（女性は約7割）。

交際相手すらいなければ、結婚などできるわけがありません。

しかも同じ調査で20・30代の未婚の男女に交際経験を聞いたところ、男性20代の

53・3％・30代の38・0％は交際経験がありませんでした。女性の交際未経験者は、20代で34・0％・30代で25・7％ですので、**男性のほうが恋愛に消極的**になっているという結果が出ています。

それにしても、20代・30代の男性で8割、女性で7割に交際相手がいないというのはかなりの高率です。20代・30代は男女ともに素敵な年代なのに、恋することもできないとは、いったいどういうことなのでしょうか。

でもこれは、考えようによっては、結婚したい女性にとっては絶好のチャンスといえます。

20代・30代の未婚男性の8割は（おそらくは40代の未婚男性も）「恋人なし」の状態なのです。これを放っておくのはあまりにもったいないでしょう。

✼男性を結婚から遠ざけている原因は

もうひとつ、別の調査結果を見てみましょう。

内閣府が２０１５年に全国の20歳～39歳の男女７０００人を対象に実施した「結婚・家族形成に関する意識調査」によれば、「現在結婚していない理由」のベスト３は、

男性では、

- 「適当な相手にめぐりあわないから」53・５％
- 「結婚後の生活資金が足りないと思うから」35・２％
- 「自由や気楽さを失いたくないから」29・１％

女性では、

- 「適当な相手にめぐりあわないから」55・１％
- 「自由や気楽さを失いたくないから」25・６％
- 「まだ若すぎるから」22・５％

男女ともに「適当な相手に～」が最も高い数字ですが、次に続くのは、男性では「結婚後の生活資金～」（35・２％）なのに対して、女性では「自由や気楽さ～」（25・６％）となっています。今どきの独身男性がなかなか結婚したがらないのには、ここにも原因がありそうです。

長引く不況の影響で収入が伸び悩み、１９８０年代に比べて今は年収が平均２００万円も減額しているのだから将来に明るい展望を描けない、一家の大黒柱として**妻子を養っていく自信がない**、結婚というものを前向きに考えられない、恋愛に対しても消極的になってしまう、それでますます結婚から遠ざかる、というように、男性が結婚しない現実には、経済事情に端を発する諸事情が絡み合っているのです。

✼結婚によって得るもの、失うもの

結婚しない男女が増えているという現実のなか、ここで、結婚で得られるものは何か考えてみましょう。

結婚で得られるものはいろいろありますが、最も大きなものは**「心の安定・安心」**ではないでしょうか。

ひとりで生きるのは気楽で自由な反面、何事もひとりで立ち向かわなければなりません。心細い、さみしい、と感じることもあるはずです。

女性の立場で言えば、結婚すると、深夜だろうと早朝だろうと時間を気にせずに話ができますし、悩みごとの相談にものってもらえます。「そうか。それは大変だったね。君がこんなに頑張っているってことを、僕は誰よりもわかっているよ」と力強く励ましてくれます。

日々心をリセットし、平日は仕事に邁進、週末はふたりでショッピングに出かけたり、恋人気分で映画を観たり、レストランでお食事したり。買い物をして手荷物が増えれば、夫に持ってもらえます。帰りのタクシーをつかまえるのは夫がさっとやってくれますし、大事な妻を先に乗せてくれます。

万が一病気になったとしても、心から案じて看病をし、精神的にも経済的にもサポートしてくれる夫がいれば、心強いことこのうえなしです。

夫婦は一心同体、とまではいかなくても、「家族」という共同体です。お互いの安全と幸福を守り、快適な生活を維持するために、常に支え合って生きています。

支え合うことそのものが喜びです。仕事がうまくいっているときも、いかないときも、「家族のために頑張る」「家族がいてくれるから頑張れる」と実感できます。それがひとりで生きているときとは大きく違うことです。

「私ってこんなに強かったんだ。こんなこともできるんだ」と気づけること。男性も女性も、結婚に求めているものは、そうしたよい変化であり、心の癒しなのだと思います。

一方、結婚して失うものもあるでしょう。

まず「自由気ままな生活」は失われるかもしれません。独身ならば、すべての収入、すべての時間を自分だけのために使うことができるのに、結婚したらそういうわけにはいかないでしょう。

先ほどの明治安田生活福祉研究所の調査で「結婚をコストパフォーマンスで考えたことがあるか」の質問に対し、30代男女の半数近くが「考えたことがある」と答え、さらに、結婚を金銭評価すると、30代未婚男性ではマイナス評価がプラスを上回っています。30代の男性にとって、結婚は金銭的に「損」なこと。たしかにそれまで自分で稼いだお金をすべて自分のために使っていたのに、結婚したら妻子を養わなければならないとしたら、そうかもしれません。「結婚することが当然」だった時代から意識が変わってきているとすれば、「あえて損になる結婚はしない」と考える男性が増えても不思議はないでしょう。

女性でそういった考え方をする人は少ないと思われますが、女性の場合はやはり「自由な時間」が失われることが一番大きいのではないでしょうか。

・ひとりで仕事に生きる？

・ふたりで新しい人生をスタートする？

あなたはどちらを希望しますか。

どちらのほうがあなたにとって幸せでしょうか。

結婚で得るものと失うもの、それを秤にかけたらどちらに傾くか。私は得るもののほうがはるかに大きいと考えますが、そこは人それぞれ。まずはここでじっくり考えてみてください。

2 結婚しようと思ったときが婚活のスタート

✼結婚したい男性はいくらでもいる

さて、全国に約4000軒ある結婚相談所のほか、結婚情報を提供するサービス機関などに登録している会員数は、合計で約80万人にのぼるとされています。

つまり、男女あわせて少なくとも**80万人の「婚活難民」がいる**ということです。男女半々だとして、結婚したいと本気で望み、結婚相談所を通じて相手を探すというアクションを起こした男性が約40万人はいるということになります。

さらに、結婚相談所などに登録してはいないが、できれば結婚したいと思っている、けれど相手が見つからないので未だに独身、いわゆる「隠れ婚活難民男性」を含めると、40万人どころか、その数倍から数十倍はいることになります。

結婚相談所に登録して会員にならなければ、結婚したがっている男性と出会うチャンスは巡ってこない、というわけでもありません。

街を歩いていて、結婚願望の強い男性とすれ違っている可能性だってありますし、ひとりカフェでお茶を飲んでいるとき、あるいは居酒屋で女子会をしているときも、もしかすると隣のテーブルに、結婚相手となる可能性のある男性がいるかもしれません。

「結婚したい男性はいくらでもいる」さらに**「出会いのチャンスはいろいろなところに転がっている」**のです。ぐずぐずと考えているだけでなく行動に移しましょう。まずは情報収集するのでも、婚活サイトに登録してみるのでもいいでしょう。何かしらの行動を起こして、前に進むことが大事です。

✿本気で婚活を始めるなら

「今好きな人がいるなら、あれこれ考えずにその人と結婚して！」

私はいつも周囲の女性にそうすすめています。

結婚して得するか損するかは、結婚してみなければわからないことです。経済的な損得と幸福な生活・愛ある暮らしを同列で比べられるものでもありません。

要は、あなたにとって「何が幸せなのか」をじっくりと考えてみることです。

今の時代は、女性が結婚しなくても十分に生活できるし、ひとりで好きなように生きていくこともできる。能力さえあれば、会社や社会での地位も上がり、高収入を得ることもできます。結婚して男性に頼らなくても、幸せな人生を送ることは可能です。

一方、社会的地位や収入の満足だけでなく、男性とともに生活をエンジョイしていきたい、あるいは支え合って生きていきたいと思うのも自然なことです。

幸せのかたちは人それぞれです。テレビに出ている評論家のコメントやネット情報に惑わされず、あなたの幸せのかたちを考えてみましょう。

その答えが「結婚しよう」「結婚してみたい」ということであれば、今日から婚活を始めてください。

本気で結婚したいと思ったときが婚活のスタートです。

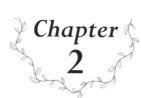

Chapter 2

婚活を始めよう

1 現状を知る
―婚活市場における価値を認識する

✽30歳を過ぎてからの婚活は

私が主宰している結婚相談所「マリーミー」では、30歳～40代前半の働く女性からのお問い合わせが最も多いとお話ししました。30代といえば、婚活に真剣にならざるを得ない年代ですから、どの結婚相談所でも事情は同じかもしれません。

ただ、表参道というおしゃれな街にオフィスを構えていることが影響しているのか、「30歳から45歳の働く女性」といっても、かなりの地位について高収入を得ている女性会員の方が大勢いらっしゃるのです。これは他の結婚相談所と大きく異なる特徴だと思います。

その職業は、大学の教員、医師、歯科医師、会計士・税理士などの士業の方々や、会社経営者などで、そういう方々の多くは高学歴です。一流大学を卒業しているのはもちろんのこと、留学の経験があったり、大学院で修士や博士のタイトルを取得していたりという方も珍しくありません。

子どもの頃から一生懸命勉強をして受験戦争を勝ち抜き、就活でも勝ち、その後は仕事の成果をあげるために一心不乱に頑張ってきた。となると当然、恋愛どころではなかったでしょう。もともと真面目な性格で、遊びや恋愛にはそれほど興味がなかった。勉強や仕事に邁進していれば充実感が得られた。仕事に就いてからは年々収入が増え、職場での地位も上がった。自分ひとりの力で十分に生活していけるのだから、あえて結婚などしなくてもよかった。時間もお金も自分の好きなように使える今の生活を手放したくない——というのが典型的なケースです。

でも、**ふと気がつけば35歳になっていた。仕事一筋だったので彼氏もいない。これから相手を探して恋愛をし、結婚までこぎつけるには時間がかかりすぎる。だったら結婚相談所の力を借りるのが賢い選択**だ、となるわけです。

✽婚活市場での逆転

女性の場合、年齢が上がるとともに、婚活市場での価値は低下します。20代の若くて可愛い女性は引く手あまた、かたや、35歳から40代前半の高学歴・高収入のキャリア女性はなかなか選んでもらえない、そんなシビアな現実があることをまずは認めていただく必要があります。

彼女たちの大半は、受験も就活も勝ち抜いてきた「勝ち組」ですから、プライドが高く、強気で自信満々、負けず嫌いであることが多いようです。失敗や挫折の経験に乏しい、という側面もあるかもしれません。

しかし、婚活市場においては、35歳を過ぎた女性は完全に「負け組」です。いかに仕事ができて優秀な女性であっても、婚活市場では20代の女性に勝つことができないのです。

40代ともなると、社会的な地位も上がり、プライドはますます高くなりますから、自分自身を「負け組」と素直に認められないこともあるでしょう。そうなると、自分自身との戦い、つまりはプライドとの戦いになります。

つらい戦いの中で、キレてしまう女性もいます。

お見合い相手に「結婚したら、なるべく早く子どもがほしい」と言われ、「冗談じゃないわよ。女は子どもを産む機械じゃないのよ」と怒って帰ってきてしまった女性がいました。

38歳の女性とお見合いしたのだから、相手は当然、女性の年齢を考慮して、「結婚したら早く子どもを産んでもらわないと」と思って言ったのでしょう。でも、彼女のほうでは「自分はもう子どもを産んで育てるには年齢がいきすぎた」ことを事実として受け入れ、「子どもをもつことは諦めよう」と思っていた矢先でした。それでお見合い相手に八つ当たりというような行動をしてしまったのです。

感情的に反発しても、よい結果にはなりません。

相手が子どもを望んでいるのなら、自分とは縁がないのだ、と素早く頭を切り替えるクールさが求められます。結婚して子どもを産んで、という夢は叶えられなくても、他の面で幸せな結婚生活を手に入れればよいのです。

35歳を過ぎたキャリア女性が婚活を成功させるためには、**現実をしっかりと見据え、現実に則した結婚観を構築する**ことです。

そのうえで、結婚相手を選ぶ際に重要なポイントとなるのは、学歴、収入、年齢や容姿よりもむしろ、**相手の男性がもつ結婚観、人生観**であり、それが自分のもっている結婚観、人生観と共有できるかどうかです。

あなたがもう子どもをもつことを諦めているとしたら、**「子どもはいてもいなくてもいい。夫婦ふたりで楽しく生きていければいい」と考えている男性こそ**、**あなたがこれからの長い人生を共にするにふさわしい相手なのです。**

そのためには、あなた自身がどんな結婚生活を送りたいのかを具体的にイメージし、明確な目標を持って行動すること、これが婚活の第一歩となります。

✲婚活は自分探し

婚活を成功に導くには、**自分自身の心の真実を見つけなければ**なりません。

そう、**婚活は自分探し**なのです。

あなたは、人生に何を求めていますか。

仕事をしている女性の場合は、「自分はいったい何のために、誰のために、仕事を頑張っているのだろう」と考えていただくと、答えが見えてきます。

「自分のため」「お金のため」というのも正直な答えでしょうが、それだけでは物足りないからこそ、婚活をする気になったのではありませんか。

あなたは誰かのために頑張ってみたいと望んでいるのではないでしょうか。

「あなたがいてくれるから頑張れる」「あなたがいてくれるから人生は楽しい」と、弾むような思いを分かち合える相手がいればこそ、日々の生活は輝き出します。

まずは、**自分はどうなりたいのかを分析する**ことが必要です。

就活を始めるときに、自己分析シートをつくった人も多いと思います。そこでは、まず今までの人生を振り返り、学生時代に力を入れてきたことや、さまざまな経験を書き出し、どういう職業や職種につきたいか、どこの会社に入り、どういう仕事をしたいのか、10年後、20年後にどういう自分になっていたいかを考え、就職活動に臨んだはずです。

婚活を始めるにあたっても同じことをする必要があります。自分を見つめ直し、**自分が何を求めているのかを明らかに**してみましょう。将来どういう人になって、どういう人生を送りたいのかを真剣に考えてみるのです。

婚活を成功させる最初のカギは、**「何がなんでも私は結婚する！」という強固な意思を持つ**ことです。「いい人がいれば結婚したい…」などという中途半端な気持ちで婚活を始めたら、絶対に失敗します。

自分は本当に結婚したいのか、それはなぜなのか、その理由も含め、改めて自分に問いただしてみる。そのために、自己分析シートに書き出してみましょう。つきつめると、自分はやっぱり結婚したいわけではない、という結論に至るかもしれません。

自己分析シート

1▶あなた自身について

1-1 自分で考える長所 [ ]
1-2 人からいわれる長所 [ ]
1-3 自分で考える短所 [ ]
1-4 人からいわれる短所 [ ]

2▶あなたの今までを振り返って

2-1 25 歳の時の目標は何か、それは達成できたか
[ ]
2-2 30 歳の時の目標は何か、それは達成できたか
[ ]
2-3 35 歳の時の目標は何か、それは達成できたか
[ ]
2-4 今、幸せを感じるのはどういう時か
[ ]

3▶あなたの将来

3-1 10 年後の自分はどうなっていたいか
[ ]
3-2 20 年後の自分はどうなっていたいか
[ ]
3-3 自分の老後のイメージは
[ ]

4▶あなたの結婚観

4-1 どうして結婚をしたいのか
[ ]
4-2 結婚についてのイメージ
[ ]
4-3 理想の結婚相手像
[ ]
4-4 理想の家庭像
[ ]

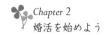

自己分析によって、結婚への強い思いが確認できたら、そこで初めて「婚活を始める」宣言をすればよいのです。また、なぜ結婚したいのかという理由を思いつくままにすべてあげていくと、結婚したらどういう生活を送りたいのか、結婚への具体的なイメージと「結婚相手」が見えてきます。

✲結婚相手に求める条件

自分が**結婚相手に求めている条件もここで整理し、書き出して**みることです。

自分が大卒だから、「相手も大卒、しかも一流大学でないと」とか、自分はこれだけ稼いでいるのだから、「相手はもっと高収入でないと」、などという条件をあげていると、婚活の間口はどんどん狭まっていきます。

そして、相手の人間性を知るという大事な点がおろそかになってしまいます。

あなたと相性がよい人、気の合う人、話が弾む人、一緒にいて疲れない人と出会うには、できるだけ多くの人に目を向け、年齢や職業、年収などに必要以上にこだわることなく、**その人の人間性を重視する**ことが必要です。

結婚相手に求める条件をより明確にするために、次ページのワークシートに記入してみましょう。「どんな人と結婚したいか」と同時に「どんな人生を送りたいか」が見えてきます。

✻現実に即した相手選び

30歳を過ぎたら、20代のときに考えていた理想の結婚相手ではなく、現実に即した選び方をしないと、婚活はうまくいきません。具体的には、相手の年齢はあなたの10歳上から10歳下までＯＫと、間口を広げる必要があります。

たとえば、あなたが東京に住んでいるとして、都内在住の男性に限定して婚活していたのでは、選択肢はぐっと狭まります。間口を広げて、神奈川・千葉・埼玉はもとより、北海道から沖縄まで、できるだけ幅広いエリアに目を向けることにより、良縁と巡り合う確率は高まります。

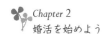

シート2 結婚相手に求める条件

相手に求めるスペック	相手に求めるキャラクター	結婚に関する自分自身のこだわり
例)年収600万円以上／大卒／身長170cm 以上 ・ ・ ・ ・ ・	例)人に優しい／友人が多い／食べることが好き ・ ・ ・ ・	例)仕事は続ける／ひとりの時間がほしい ・ ・ ・ ・

項目ごとにできるだけ具体的に、できるだけたくさん記入してください。合計で 50 個をめざします。この次のステップで絞り込むので、ここでは思いつくまま書き出します。

シート3 自分の人生で譲れないもの

1 ____________ 2 ____________
3 ____________ 4 ____________
5 ____________ 6 ____________
7 ____________ 8 ____________
9 ____________ 10 ____________

シート 2 で書いた具体的な条件の中から絶対に譲れないものを絞り込んで、譲れない順に上から記入しましょう。迷ったら「なぜそう思うのか」自分に問いかけてみること。譲れないものを知ることで、自身の心の許容範囲も広がります。

婚活ワークシート

シート1 結婚相手として重視する項目

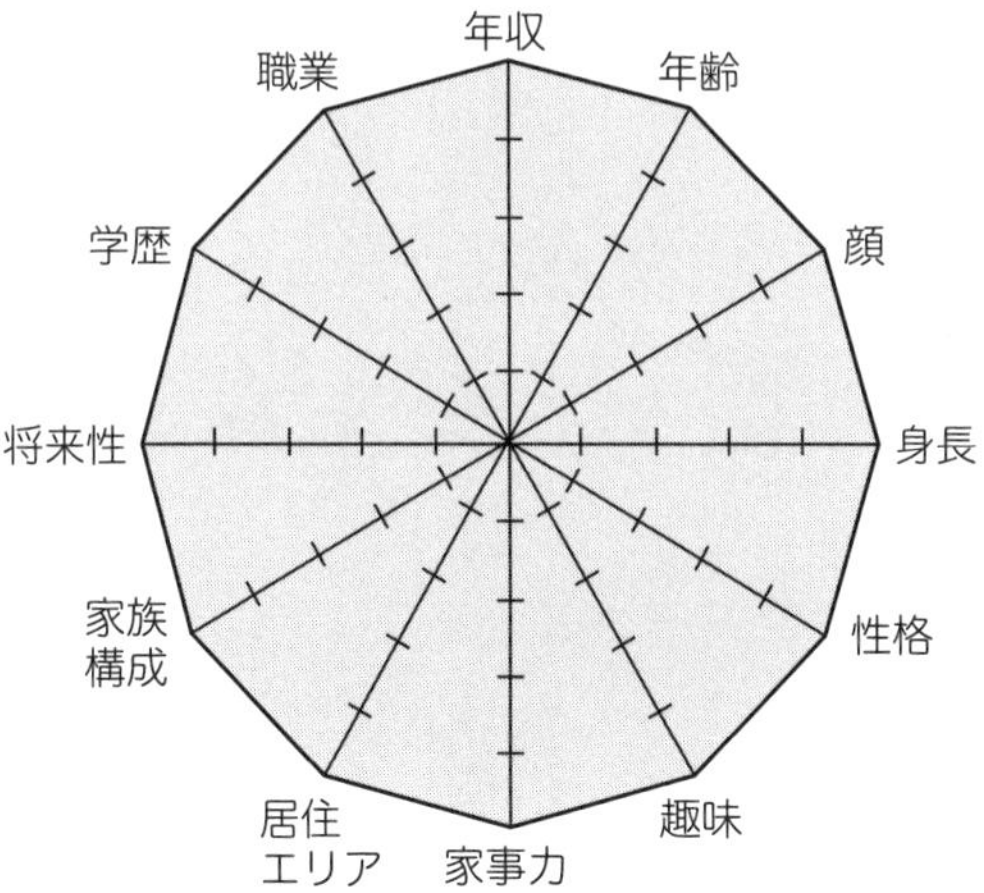

円グラフに「直感で」チェックし、線でつなげてみましょう。重要視するものほど数字は高くなります。「年収と肩書きが大切だと思っていたけど、意外と居住エリアと家事力だった…」など、自分でも気づかなかった深層心理が見えてきます。

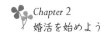

また、相手の年収にやたらと高望みをするのはやめましょう。むやみやたらに高収入を求めているのでは、戦略も何もありません。自分が思い描いている結婚生活を実現するのに必要な所得をふたり合わせて持っていればいいのです。

ですから、場合によっては自分の半分くらいでもかまわない、と思い切った設定基準になることもあります。

たとえば、相手の年収が約400万円だとしましょう。あなたがもし1000万稼いでいたとしたら、それには遠く及ばないものの、年収400万円というのは世間の基準からいってけっして低収入ではありません。ふたりの収入を合わせれば年収1400万円となり、夫婦が生活していくには十分過ぎる額です。結婚後も恋人同士のように、素敵なレストランで贅沢な食事を楽しむことができます。海外旅行にも、もちろん行けます。

婚活の間口を広げるために結婚相手に求める条件を見直すとしたら、こんなふうに考えてみてはいかがでしょう。たとえば、

□相手の年収は800万円が理想 ➡ 年収はふたり合わせて800万円あればOK

□相手の身長は170センチ以上が理想➡身長は自分より3センチ高ければOK
□自分と5歳以上年齢が離れているのはNG➡10歳までの年の差はOK
□結婚後は夫婦ふたりで暮らしたい➡親との二世帯住宅ならOK
□相手は有名大学卒業でないと嫌➡大卒ならOK
□お酒やタバコ、ギャンブルはNG➡限度額や量を決めて実行できるならOK

このように考え方を少し変えるだけで婚活が成功する確率はぐんとアップします。ただし、ひとつどうしても譲れない条件があります。それは、結婚後もあなたが仕事を続けることを認め、支えてくれる男性でなくてはならない、という点です。

自分の仕事を持ち、それなりに収入のある女性が、「強い女はいやだ」と思っている男性と結婚した場合は、なかなかうまくいかないことが多いのです。「仕事をして輝いている自立した女性が好き」という男性がベストです。家の中が多少散らかっていたり、掃除が行き届かなかったり、料理をする時間がとれなかったりというマイナス点も含めて、あなたのすべてを認め、受け入れてくれる男性にターゲットを絞り込みましょう。

2 キャリア女性におすすめ「尊敬婚」

✼「尊敬婚」って何？

婚活のプロである私が、いま自信をもって提唱しているのが、「**尊敬婚**」です。

「尊敬婚」とは、年齢や年収が妻のほうが上、そして、夫もそんな妻を人として尊敬している——そんな新しい結婚のスタイルのこと。あなたの仕事も含め、あなたのすべてを丸ごと認め、応援してくれる男性と結婚する、ということです。

職場で責任あるポジションにつき、毎日、一生懸命仕事をこなしている女性だからこそつかむべき、幸せな結婚の理想形だと考えます。

今まで男性と肩を並べて仕事に生きてきた女性が、安心できる場所がほしくなって、ふと気づくと、すでに30歳半ばを過ぎていた。そんなとき、今までなら自分と同じような高学歴・高収入の年上男性を探そうとするのが一般的でした。でも、そのような男性は、自分を支えてくれて、家庭を守ってくれるような女性を求めるものです。似たもの同士は、なかなかうまくいかないのです。

そこで私が提案したのが、「尊敬婚」です。

女性が結婚しても仕事を続けていきたいのであれば、自分の心を支えてくれて、「働いている君が好きだ、僕がサポートしたい」と、**働く女性を尊重してくれる男性を探す**べきなのではと思ったのです。

男性に愛され、リスペクトされて、ますます幸せになれる結婚を目指しましょう。愛されることと尊敬されることの両方を勝ち取るのは、けっしてむずかしいことではありません。

前章でも述べたように、晩婚化、非婚化など、未婚率が高くなっていることの大きな理由の根本にあるのは、男性の側の経済的な不安です。だからこそ、経済面で男性に依存することのない、きちんとした収入のある女性は結婚相手として望ましいと思われるのです。仕事を持つ女性の自立心、経済力、知性、落ち着き、視野の広さなどは、男性から見て尊敬に値することであり、魅力としてうつるでしょう。

きちんとした教育を受け、仕事もしっかりこなし、収入も得ている女性。そういう人となら、**経済的にも精神的にも、お互い自立したいい関係が築けて、幸せな結婚生活を送れる**だろうと考える男性が増えています。

そういう男性は、当然のように、結婚しても妻は仕事を続けるものと思っていますし、妻が仕事を続けるためには自分も最大限の協力をするでしょう。また、妻の意志・意見を尊重する気持ちが強いので、パートナーとして対等な関係でいられます。

尊敬婚では、女性が男性より年上で、収入も上というケースが多くなります。でも、彼のほうが年下ならば、自分より年収が低くても気にはならないでしょう。あなたは仕事をやめて専業主婦になりたいなどと考えていないのです。ふたりの収入を合わせれば、十分生活していけます。また、彼の収入がこれからあなたを追い抜くことだってあるでしょう。

彼のほうでも、自分より年上のあなたが自分よりたくさん稼いでいるとしても、それでプライドが傷つけられることはありません。むしろ、年下の女性に全面的に依存されるほうが精神的にも重く感じられるのではないでしょうか。

「女は家庭に入れ！」と言わずに、仕事に生きる女性を夫として尊重してくれるのと同じように、「男は年収！」と言わずに成長中の男性を妻として尊重してください。

結婚観は時代とともに変化していくものです。今や、子どもを産んで育てることだけが結婚の目標とはいえない時代です。

今、さまざまな結婚のスタイルが存在するなかのひとつの選択肢として、尊敬婚という形を考えてみてください。**ふたりで仕事を頑張って、お互い尊敬し合って、力を合わせ、仲よく励まし合って生きていく。**そして、結婚して本当の幸せを実感できる。それを実現できるのが「尊敬婚」だと思うのです。

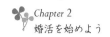

✲男性が求めているのは、居心地のよさ

女性が男性と同様に社会に出てバリバリ仕事をするようになる以前のことですが、男性が結婚に求めるものをひとことで言えば、「良妻賢母」でした。

それは今も変わらずに願望として残っているのかもしれませんが、今や男性の大半は、妻を専業主婦にするだけの経済力がありません。「結婚したら仕事をやめて家庭に入り、家を守ってほしい」などと時代錯誤なことを言う男性はめっきり少なくなりました。

では、現代の男性が結婚相手の女性に何を望むかというと、何よりもまず、**「一緒にいて居心地がよいこと」**です。

「仕事から帰って、ほっとくつろぎたい」

「心の癒しがほしい」

「心の支えがほしい」

というのが男性たちの本音です。それは結婚というものを経済的な利害でとらえず、どれだけ心を満足させられるかで測っているということです。

女性の側から考えても同じことがいえると思います。

いまだに相手の年収や社会的地位にこだわっている女性も婚活市場には存在しています。それは結婚を経済的な利害でとらえているからで、結婚に求めるものを「どれだけ心を満足させられるか」で測ったとしたら、男性と同じ「一緒にいて心地よいこと」なのではないでしょうか。

男性にとっては、「落ち着いていて包容力があり、自分を持っている女性」が、女性にとっては、「自分を理解してくれて、自然体でいられる男性」が結婚相手としては理想的といえるでしょう。この組合せがまさに「尊敬婚」なのです。互いのどちらかがもう一方に依存する関係ではなく、**お互いが自立し、尊敬し合える関係が、最高の「尊敬婚」**といえるでしょう。

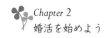

✼尊敬婚ができる女性の5つの条件

「尊敬婚」ができ、「尊敬婚」で幸せになれるのはどんな女性なのでしょう。

①男性が憧れるほど、仕事に成功している

男性以上に働き、男性以上に収入を得ていなければ、男性は尊敬してくれません。「女性なのに頑張っているね」という視点ではなくて、男性が仕事面や収入面で純粋に「男より能力がある」「自分より頑張っている」と思わせるということです。

「今は仕事に燃えているけれど、結婚後はパートでお小遣い稼ぎの予定」という女性は、当然「尊敬婚」をするのは難しいということになります。

②若い世代にはない教養がある

男性から見て自分の知らないことを知っている、教養のある女性は魅力的です。

いくら立派な仕事をしていても「仕事だけ人間」ではダメ。プライベートも充実していて輝いていること、教養ある趣味があること、また、仕事以外の人間関係があり、年下男性には知らない世界があること、それも年上女性の魅力です。

③年齢より5歳も10歳も若く見え、美意識も高い

女性の魅力は、若さだけではありません。年を重ねた女性が若い女性より魅力的になるのは、「努力」しているからで、「40歳だけど35歳に見える」という努力の結果が男性に尊敬されるのです。

④謙虚で、男性と競わない

年収も年齢も上だとしても、人間としてすべてが優れているわけではありません。至らない点があちこちあるはずです。謙虚であることは尊敬婚ができるための条件です。

また、男性と戦わないこと。できないものは「できない」、わからないことは「わからない」と素直に口に出し、男性に甘えて頼ることができるというのも必要です。

⑤包容力があり、大人の成熟した女性

仕事に成功して、教養があり、美意識が高く、謙虚である。そして最後の条件が、何よりも包容力、人間力があることです。つまり、成熟した、すべてに余裕がある大人の女性、そんな女性だけがつかめる幸せが「尊敬婚」なのです。

一方、男性にも尊敬婚のための条件があります。それはもちろん、**その女性の働き方・生き方を尊重し、尊敬する男性でなくてはならない**ということです。

「女性より収入が低い」ことが男のプライドに関わると考える人や、共働きでも家事は女性がやるべきと思う男性は尊敬婚には向いていません。

今はそういうことにこだわるより、単純に世帯収入が高くなるほうがうれしいという男性が多くなっています。また、今の20代・30代では、両親が共働きという人が多く、母親の手伝いなどで自分も家事をすることに抵抗がない男性が少なくありません。

そういう男性は、結婚後の家事についても「できる人ができることをやればいい」という考え方を持っていますので、たとえば、先に帰宅した夫が食事の用意をして妻の帰りを待つ、というパターンだって、らくらくとこなしてくれるはずです。

そういう相手となら、男性の役割と女性の役割を効率よく振り分けて、ふたりが共同して担っていくことができるでしょう。**お互いに差があるからこそ、足りないものを補い合っていける**、これが尊敬婚の大事なポイントといえるでしょう。

3 婚活をプロジェクトと考える

✼仕事も婚活も要領は同じ

「物事を合理的に考える」ことが得意な女性は、婚活も順調に進むことが多いといえます。

「運命の人との出会いを待つなんてことはしません。年齢から言って、それはもう無理だとわかっていますから」と割り切って考えられる女性は、どちらかと言えば文系より理系の女性に多いようです。

「5年間同棲していた彼と昨日別れました。それで今日、思い切って結婚相談所に電話をかけ、力を借りることに決めました」

と言った女性もいました。その切り替えの早さと行動力は見事です。

しかし、よく考えてみると、これは仕事においては当たり前の行動なのです。

運命的な力に導かれて大口の契約がとれるとか、世界的に有名なクライアントと奇跡的な出会いをするとか、そんなことを期待してビジネスを展開する人はいません。

あるプロジェクトがうまくいかなかったら、深追いして損失を膨らませるよりも、傷が浅いうちに撤退し、新たなプロジェクトで巻き返しを図ろうとするでしょう。

仕事も婚活も、成功へと導く要領は同じです。仕事を通じて得た知識と豊富な経験を、婚活に活かすとよいのです。

仕事ができる女性なら、結婚もできるはずです。

✼婚活プロジェクト

ここでいうプロジェクトとは、通常の業務や日常生活とは別の「新規案件」ととらえるとよいでしょう。

たとえば、「6か月で10キロのダイエットプロジェクト」「リンパケア・スペシャリスト資格取得プロジェクト」「TOEIC800点獲得プロジェクト」など、明確な目標、成果を定めて、さまざまな活動を開始します。

このときに重要なのは、**定めた目標に到達するために、具体的な戦略や戦術を構築し、計画、実行する**ということです。これら一連の手法をビジネスの世界では「プロジェクトマネジメント」といいます。

では、「婚活プロジェクト」とした場合に、どのようにすればよいのでしょうか。

まず第1に、目的や目標を定めます。

【目的】幸せな人生

【目標】 1年以内に結婚または婚約する

婚活の目的はもちろん「幸せな人生」です。そのための大きな要素である結婚を婚活プロジェクトの目標とします。

目標である結婚はさらにブレークダウンして、相手の年齢や職業などを具体的に設定してもよいのですが、それではターゲットが小さくなりすぎてなかなか到達しませんので、ここは大きく「結婚または婚約する」としておいたほうがいいでしょう。

次に**スケジュールを設定**します。目標では1年以内なので、この1年間のタイムスケジュールを組んでみます。たとえば、最初の3か月で候補者5人を確保、6か月で3人に絞り、9か月で1人に絞って婚約、12か月目にゴールイン！

そのためには、**具体的な方法や手段**がなくてはなりません。たとえば、婚活パーティに10回以上参加するとか、親戚や友人などに相手探しを依頼して見合いするとか、あるいは結婚相談所や結婚情報サービスに登録するなどです。

こうした活動には当然資金が必要です。婚活パーティ参加費1万円×10回＝10万円、親戚や友人との会食、結婚相談所への登録費用、デート代も必要ですね。

さらに、婚活に向けて自分磨きも必要です。プロフィール写真の撮影、ファッション、フィットネス、エステ……これらも必要な予算です。

ここまで説明するとおわかりのように、この婚活プロジェクトは「業務推進スケジュール」のように、スケジュール表に具体的に書き込むことができます。そうすることで、月ごと、週ごと、何をどうする、ということが明確になっていきます。

ここで、いわゆる**PDCA**でプロジェクトの進捗状況を確認・検証してもいいですね。**P＝PLAN（計画）D＝DO（実施）C＝CHECK（検証）A＝ACTION（改善）**で、何がどれだけできたか、できなかったか、それはなぜか、どう改善していけばよいか……というように、ビジネスでよく使う手法をそのまま活用してみるのです。

その結果、当初の計画どおりに進んでいればいいですが、そうでない場合は、婚活パーティの内容や参加者のレベルを変えてみる、紹介者をもっと増やす、結婚相談所を変える、そのためには予算も増額するといったことも必要になってくるでしょう。

このように、あなたがこれまでの仕事でよくやってきたように、**婚活をプロジェクトとしてとらえ、これをマネジメントしてみる**と成功率は大きく高まるのです。

婚活プロジェクト

目標 12か月以内に婚約

○想定する成果目標：30～45歳男性、年収400万円以上、リーダーシップのある人
○主たる手段：結婚相談所の活用
○活用できる時間：平日夕方2日程度、土日祭日、有給休暇
○予定資金：200万円（預金100万円、給与から月額3万円＋賞与）

計画プロセス PLAN

・目標設定
・スケジュール
・手段の検討と選定
・資金計画

実行プロセス DO

・結婚相談所 情報収集・検討・決定
・自分磨き活動（ファッション、スポーツクラブ、エステ、サロン）
・お見合い活動（5人、毎週2～3日）と絞り込み
・時間の確保（休暇等）
・資金確保

監視・コントロールプロセス CHECK

・成果目標の達成度
・自分磨きの成果（第三者の評価）
・お見合い活動の成果（人数、相手、お見合い場所などの検証）
・スケジュール進捗状況（時間確保の状況）
・資金状況（予算消化の状況）

カイゼン ACTION

・計画の変更
・手段等の変更

終結プロセス

・成果目標の確定
・対象者絞り込み
・結婚条件等の確定（生活、仕事、家族など）
・家族紹介（両親ほか）
・結婚式スケジュールの暫定

婚活スケジュール

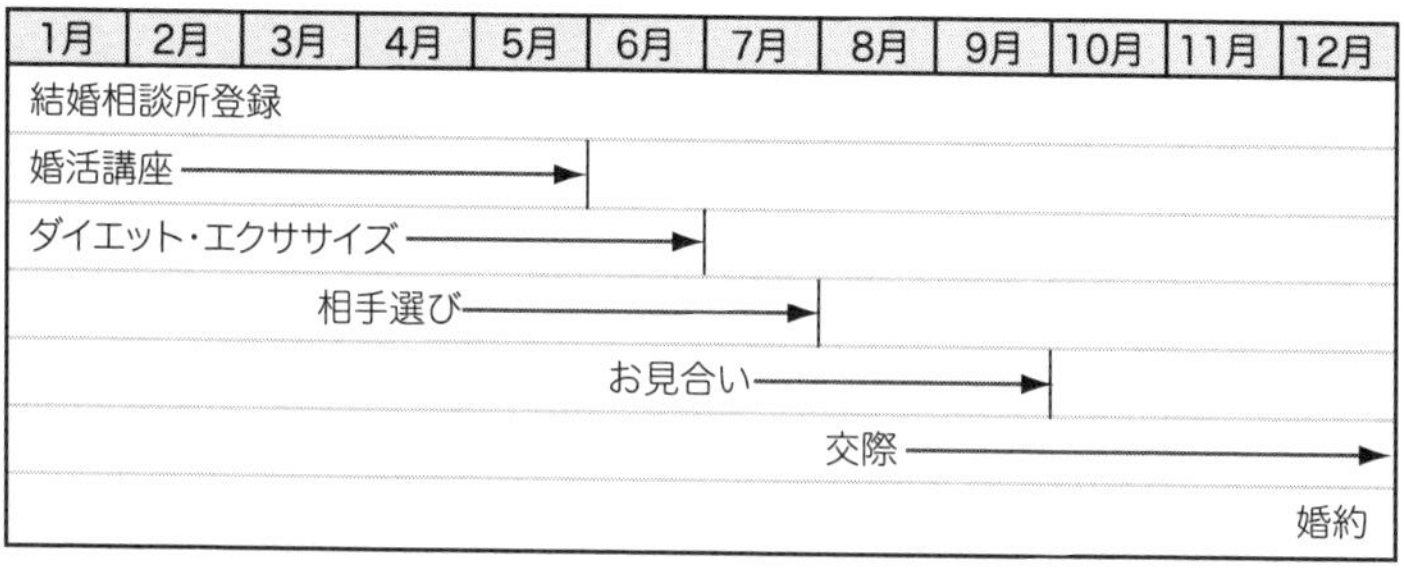

これは目標達成までの年間のスケジュールです。さらに、月ごと、週ごとに分割したスケジュール表を作成し、具体的に予定も書き込んでいきましょう。

TODO リスト

例【結婚相談所登録】

・候補となる結婚相談所をピックアップし資料請求
・無料カウンセリングに行ってみる
・入会に必要な書類を揃えておく

【　　】

-
-
-
-
-
-
-
-

例にあげたように、各段階ごとにやるべきことをすべてリストにしておきます。

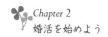

✼婚活を仕事のひとつと考え、分析・改善を

人より優秀で、仕事ができるあなたなのですから、「**婚活も仕事のひとつ**」と思って臨めば、きっとうまくいくはずです。

自信を持ちましょう。あなたがこれまでに築いた仕事の実績が、自信の裏付けになります。仕事のためだと思えば、どんなことでもできたはずです。やればできるのです。やってやれないことなど、ありません。仕事ができる大人の女性は常に前向きです。

もしも失敗したなら、自分のどこに問題があったのか、冷静かつ客観的に分析し、改善していけばよいのです。

その時々の**感情に流されず、何事も理性で判断し、理路整然と**、淡々と婚活プロジェクトを進めていきましょう。

といっても、心を封じ込めるというわけではないのです。心をオープンにして、怖

がらずに愛を受け入れられるようになってください。ただし、**相手の愛情を試すようなことや、駆け引きなどは絶対にしないこと**。これはぜひとも守ってください。

また、「お金持ちの男性と出会って熱烈に愛され、結婚してほしいと言わせたい」などというのは、婚活プロジェクトの目標にはなりえません。漫画かドラマの中にしかない夢物語ですから、そういう妄想ワールドとはきっぱり縁を切ってくださいね。

今あなたが直面している現実の世界では、女性がリードしないと男性は動きません。相手が消極的な男性だとわかったら、女性のあなたが積極的に動いてください。

婚活も仕事のひとつと心得て、能動的に出会いの場を広げてチャンスを増やしていきましょう。男性に選ばれるのを待っていないで、男性を選ぶ女性になっていいのです。事実、成婚カップルの60%は女性からプロポーズしています。

さらに、結婚という大プロジェクトに挑むのですから、志を高く持ちたいものです。この程度でいいや、と妥協したり、我慢したりすることはありません。

少々高望みかなと思う場合も、相手と自分が釣り合うように、自らをレベルアップしていけばよいのです。

4 手段を考える

✼自分に合った婚活方法はどれか

婚活方法にはさまざまなものがあります。それぞれに特徴があり、メリット・デメリットも異なります。自分に合う方法はどれなのか、よく考えて選びましょう。

①合コンや知人の紹介

知人を通じて紹介してもらったり、複数の男女が集まって食事をする形式です。20代までは毎週のように合コンの誘いがあった人も30代半ばを過ぎるとめっきり減ってくるもの。30代、40代女性の婚活方法としては厳しいかもしれません。結婚したい人ばかりが参加しているとは限らないので、結婚に結びつきにくい傾向があります。

②お見合いパーティー

イベント形式で、一度に多くの男性と知り合うことができます。会場で初めて出会った人と会話をしていくことになるため、初対面の人と話すことが得意なコミュニケーション能力の高い人向きでしょう。ここで注意しておきたいのは、年齢別のパーティーかどうかということ。20代の若い女性の集まるパーティーだと、30代の女性はまず選ばれません。

③結婚相談所

婚活アドバイザーが会員一人ひとりについて、アドバイスをしながら相手を探すパターンと、相談者が会員情報を検索して自分で探すパターンがあります。会員は結婚相手を探している人に限られており、身元もしっかりしていること、またアドバイザーにいろいろと相談にのってもらって婚活に臨めるので、短期で結果を出したい人、より真剣度の高い人には向いているといえるでしょう。

④結婚情報サービス

会員になった人の情報をインターネット上で提供する「データマッチング型」とい

われる婚活スタイルで、自分のプロフィールや希望条件を入力し、お見合い相手を選んでいきます。希望条件を優先したい人や自分で計画的・積極的に進めていける人向きです。

⑤**婚活サイト**

インターネットで出会う「ネット婚」で、費用が相談所や結婚情報サービスと比べて割安です。入会に身分証明を提出するなどで一定の身元保証はあるものの、婚活サイトを装った出会い系サイトなども存在するので、入会するときはよく確認しましょう。また、既婚者でも利用できるサイトも多いので、必ず独身証明書を提出しなければならないサイトを選ぶことです。

自分に合わない方法を選んでしまうと、いつまで続けてもうまくいかず、婚活そのものに疲れてしまうことになりかねません。結婚できない婚活をしないためには、それぞれの特徴を理解して、**自分に合った婚活方法を見つける**ことが大切です。

✼結婚相談所の活用

「35歳を過ぎてから結婚できる女性は、100人に1人だけ！」という厳しい時代ですから、結婚相手を自力で見つけようとしても、なかなかうまくはいきません。ましてや恋愛経験がなく、異性とどう付き合っていけばよいか、その方法や手段がわからない人には、合コンや婚活パーティで相手を探すのはなかなかハードルが高いと思います。

結婚情報サービスや婚活サイトには多くの会員がいますので、自分で婚活をしていく気があれば多くの出会いが期待できます。データ上で自分と相性のいい人を探していくことから、自分の中にある理想の相手像が明確になっている人であればおすすめできます。

一方、どんな男性が自分と合っているのかわからないという人や、自力で相手を探していく自信がない人のためにあるのが、私たち結婚相談所であり、プロの婚活アドバイザーです。会員ひとりひとりの話を聞いて、**結婚へと導くことができる**ということができるのも、婚活のプロだからこそです。

✼プロの知恵を借りる

結婚相談所の会員となった女性が自ら相手を選び、20人の男性にアプローチ（お見合いの申込み）をしたとしましょう。それで相手から「ぜひ会いしましょう」とよい返事をもらえるのは、ほとんどの場合、ゼロ件です。よって、お見合いデートは成立しません。

なぜそうなってしまうかといえば、選定の着眼点がずれているからです。

婚活のプロならば、その女性に見合う男性を見つけてお見合いリクエストをするというように、よいマッチングの方法を心得ているので、20件のうち3～7件は話が成立します。

ここで大事なのは、プロが着目するポイントはどこにあるのかということです。

年齢、居住地、学歴、職業、年収、家族構成といった主要条件のうち、たいていの人は、年収に目を奪われがちです。「お金では選んでいません」という人でも、やはり年収500万円の男性よりも年収1000万円の男性のほうが気になってしまうようです。

学歴・職業・年収、これは誰もが着目するベスト3のスペックですが、「そこが重要」という思い込みを捨て、価値基準をちょっとずらして、相手を選ぶようにしてみることが必要です。

自分の**これまでの価値観とは異なるフィールドで探してみる**とよいのです。

たとえば、この男性は社交的で友達が多いようだとか、ワインが好きだとか、インテリアデザインのことを語らせたら誰にも負けないとか、ボランティア活動を熱心に続けていて誠実そうだとか、人としての中身に重きをおいて見ていくわけです。

そうすると、お見合いの席で初対面とは思えないほど意気投合し、そこから恋愛が始まるといったことも実際によくあるのです。

それは、いってみれば小学生の頃の「好き」という感覚と同じです。

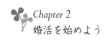

子どもの頃は、あの子の顔が好き、スポーツができてカッコいいから好き、頭がよくて勉強ができるから、やさしくしてくれたから、なんとなく好き、というように、その子自身の資質に惹かれて好きになっていたでしょう。

どこに住んでいて、親の職業や収入はどうかといった社会的背景は一切関係なく、その子自身の本質を見抜いて好き嫌いを決めていたでしょう。

そういう純粋な心に戻って婚活をしていただきたいと私は思うのです。

社会に出ると、自分と周囲の人とをつい比べてしまうようになりがちです。東大卒の医者と結婚したとか、外資系証券会社の役員と付き合っているとか——周囲のそうしたことばかり気にしていると、自分もエリート婚を目指さなければ、と焦る気持ちにもなるでしょう。

でも、もっといろいろなタイプの人に出会ってみないと、**自分が本当はどのような男性を好み、結婚相手としてどのような人を求めているのか**はわからないものです。

自分で条件を入れて探すだけでは見つからなくても、婚活のプロの目からみて、あなたにふさわしい相手はいるかもしれません。

5 婚活プロセスを理解する

✲結婚相談所における婚活プロセス

婚活プロセスは、どのような手段で婚活を進めるかによって違いがあります。

ここでは、結婚相談所を使って婚活を始めることとして、私どもの結婚相談所マリーミーにおける婚活のプロセスを中心に、ご紹介していきたいと思います。

STEP1：結婚相談所を選ぶ

婚活の手段として結婚相談所を活用することを決めました。さあ、数ある結婚相談所のうち、どこに入会しましょうか。

結婚相談所にもそれぞれ特徴があります。

マリーミーでは、担当アドバイザーがつくようなシステムになっていますが、すべての結婚相談所がそのシステムをとっているわけではありませんし、また担当アドバイザーがつくところでも、どこまで相談にのってくれるか、どこまで何をしてくれるのかはそれぞれ異なります。

ご紹介できる相手は、大手の結婚相談所は自社の会員の紹介になりますし、マリーミーや他の中小規模の結婚相談所は、それぞれ全国展開している連盟や協会に所属していますので、そのネットワークでの相手探しができるようになっています。

いろいろと調べてご自分の希望に合うのはどのタイプなのかがわかったら、ネットでいくつかピックアップし、資料請求をすることです。それらを比較し、内容だけでなく、立地や料金などトータルで考えて、まずは無料カウンセリングに行ってみましょう。

STEP2：入会・カウンセリング

マリーミーの場合、入会申し込みをすると、担当アドバイザーが決められ、カウンセリングを受けます。まずは基本データとして、住所や生年月日はもちろん、学歴、年収、趣味、家族構成、身長体重など、事細かな情報を記載します。また入会時には、住民票や大学の卒業証明書など各種の書類提出も必要です。

担当アドバイザーとは成婚まで二人三脚で進むことになるため、結婚相手への理想や結婚観・人生観、何歳までに、どんな人と結婚したいのかを明確にしていきます。現在婚活をしている方にはなぜ成婚まで至らないのかを細かく分析していき、アドバイスします。そして、成婚に向けて、具体的にどのスケジュールで、月に何人の方とお見合いするのかなど、細かく打ち合わせをします。

STEP3：プロフィール作成・写真撮影

カウンセリングの内容をもとに、プロフィールを作成します。アドバイザーがプロの目線であなたの魅力を最大限に引き出す内容のプロフィールをつくりあげ、写真撮影をします。

STEP4：相手探しのスタート

いよいよ、理想の結婚相手探しのスタートです！

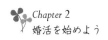

結婚相手を見つける方法には2通りあります。まずは、アドバイザーによる相手の紹介で、もうひとつは自分でインターネットを使って相手を探す方法です。ほかの結婚相談所に登録している会員のデータも共有できます。2つ目を選択した場合でも、相手選びに悩んだら、いつでも担当アドバイザーが相談にのってくれます。

STEP5：お見合い

会ってみたい相手が決まって、相手からもそのような意思表示がありましたら、お見合いへと進みます。会員の希望を聞いて、お見合いの日時・場所はすべて担当アドバイザーが設定します。初めてのお見合いでも、事前にルール、マナーや心構えを一から伝授します。お見合い後は、アドバイザーがあなたの気持ちを相手に伝えます。

STEP6：交際

交際希望の意思が双方一致した際には、お互いの連絡先を交換し「交際」となります。交際期間は3か月を目安にしています。連絡先を交換して、お付き合いを進めながら、お互いの気持ちを確かめるステップです。交際中も担当アドバイザーがしっかりサポート、アドバイスをします。

STEP7：プロポーズ

交際の後、「この人と結婚したい！」という意思が固まりましたら、担当アドバイザーに気持ちを伝えれば、相手の相談所のアドバイザーの方とも協力して、成婚に向けてのバックアップをします。男性の場合は、プロポーズのタイミングや場所、演出などのアドバイス、女性の場合は、相手の男性にプロポーズしていただくためのアドバイスを行います。

STEP8：結婚→婚活終了！

ふたりの間で結婚の意思を確認できましたら、ご成婚となり、相談所は、この段階で寿退会となります。

結婚相談所では、「お見合いより3か月で決める」というルールがありますので、「この人」という候補があがったら、交際を続け、3か月以内での婚約をめざします。ここでのポイントは、交際相手は実は1名ではなく、3名まで同時進行が可能だということです。つまり、2人、または3人と同時にお付き合いをすることができるのです。どこかのタイミングで1人に絞り、真剣交際へと進みます。

数ある候補者の中から理想的な相手を選んでお見合いデートをリクエストし、それを成功させて交際を続け、プロポーズ、そして結婚の準備へと進めていくのが結婚相談所における標準プロセスです。プロの提言に真摯に耳を傾け、自分を変えることのできる人ならば、3か月で婚約へと至ります。

なお、ここでご紹介したプロセスは、すべての結婚相談所が行っているわけではありません。入会前の無料カウンセリングで、その結婚相談所ではどういうサポートが受けられるのかをしっかり確認しましょう。

Chapter 3

実践「婚活講座」

1 プロの教えを素直に吸収できるか

✼「仕事はできるけど結婚ができない」という悩み

「学歴も収入も自分と同等、もしくは上のクラスの男性でないと…」

「ここまで頑張ってきたのだから、妥協はしたくない」

婚活市場における「負け組」であることを素直に認められず、こんなことを言う女性がいます。

「この年になると、自分からアプローチするのは恥ずかしくてできない！　相手から熱烈に求められて結婚したい！」

と言う方もいます。

男性の側にも選ぶ権利があるのだということを忘れていませんか。**プライドが高すぎると、婚活において邪魔になる**場合があります。

相手に望むスペックが具体的すぎるのもいけません。

親や親戚などの横のつながりから結婚話が持ち込まれるのは、せいぜい27、28歳までのことで、30過ぎたら、誰もいい話を持ってきてはくれません。ましてや、35歳にもなれば、その可能性はほとんどありません。いくら良家の子女で、輝かしい学歴・職歴があるからといって、よい結婚ができるとは限らないのです。

結婚は、男性と女性がお互いに納得し合ってこそ成立するものです。

女性は女性らしい魅力で男性を魅了し、選ばれ、愛されなければ、プロポーズされることはありません。私がそう指摘をすると、さすが仕事のできる女性は頭がよいだけあって、「あっ、なるほど、そういうことね」と、すんなり理解してくれます。

「仕事はできるけど結婚ができない」というのは、実は、**結婚することすらできないダメな自分に原因がある**のだということに気づくことができれば、次はその原因探しです。

✽結婚できない原因はどこにあるのか

まず、これまで一度も結婚相手として男性に選んでもらえなかったという事実を認めてください。そのうえで、そこには何かしら原因があるはずだと考え、それをつきとめ、改善策を講じる必要があります。

大学入試を頑張り、就活も頑張って勝ち続けてきた。やりたい職業に就き、仕事に邁進してきたため、遊びに出かける時間も興味もなく、心惹かれる素敵な男性との出会いもまったくなかった。あるいは、好きという感情を味わったことがなく、それがどんなものなのかよくわかっていないという人もいるかもしれません。

しかし、過去を悔やんでも仕方ありません。過去を変えることはできませんが、現在、そして未来を変えることはできます。

次ページのチェックシートを使って解明していきましょう。

チャートのへこんでいるところが、あなたに欠けているところだと認識してください。そして、自分の欠落点を**マイナスポイントとして客観的に評価**し、プラスの方向に変えていきましょう。

婚活のプロは、その人が今まで結婚できなかった理由がどこにあるのかを、一対一のカウンセリングを行って解明していきます。そしてその原因がわかれば、それを変えていくためにさらに話し合いをし、女性の意識変革を促していきます。

婚活に必要なのは、恋愛や結婚へと向かうエネルギーです。女性にとってのそれは、女性らしさと言い換えることもできます。

まずは仕事で頑張り続けてきた心の鎧を脱ぐことから始めましょう。そして、あなた本来の可愛らしさ、素直さ、やさしさ、弱さと強さ、包容力、そういう女性的な魅力を復活させてください。そうすれば、人を好きになることができます。好きにさせることもできます。

そのように意識を変えていくことで、ふんわりとした柔らかい素材のブラウスやドレス、ハイヒールなどを自然と着こなせるようになり、外面から変化していくのです。

	～コミニュケーション力～	YES	NO
⑲	言いたいことは我慢せずに言うほうだ	1	0
⑳	何か一つでも専門知識を披露できる分野がある	1	0
㉑	最近、後輩や年下の友達と遊ぶことが増えた	0	1
㉒	「お母さんと仲がいいね」とよく言われる	0	1
㉓	相手を問わず連絡の返事は2時間以内にする	1	0
㉔	友人との待ち合わせでは先に着くことが多い	1	0
合 計		点	

	～ハート力～	YES	NO
㉕	仕事で注意されてその場で泣いたことがある	0	1
㉖	昨日１日の中で、次の言葉を3つ以上誰かに伝えた「ありがとう！」「おいしい！」「たのしい！」「うれしい！」「おもしろい！」	1	0
㉗	親の生年月日を知らない	0	1
㉘	店員さんやタクシーの運転手さんには強気で接する	0	1
㉙	付き合っている彼の鼻毛が出ていても見て見ぬふりをする	0	1
㉚	母親と一緒によく買いものに行く	0	1
合 計		点	

■それぞれのカテゴリーでの得点を、以下のレーダーチャートにプロットし、五角形をつくってみましょう。

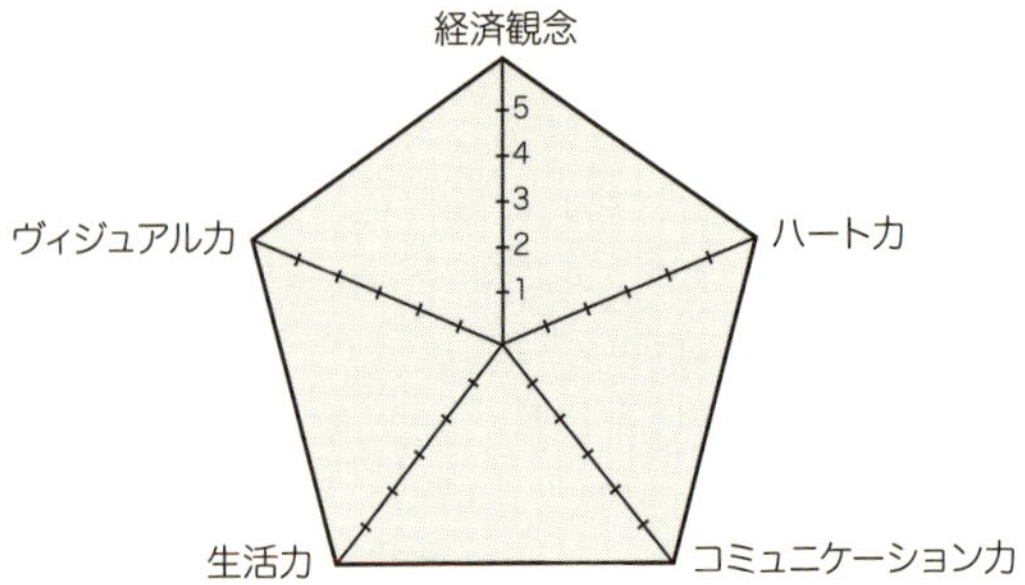

結婚できない原因を探るチェックシート

	～経済観念～	YES	NO
①	自分の現在の通帳残高がわかる	1	0
②	まとめ買い、または同じデザインのものを色違いで買うことがある	0	1
③	最近買った卵の値段をいくらか覚えている	1	0
④	現在、3年以上ひとり暮らしをしている	1	0
⑤	現在預金が年収の2倍ある	1	0
⑥	持ち物の中で、10年以上使っているものがある	1	0
合 計			点

	～ヴィジュアル力～	YES	NO
⑦	BMI指数は23以上である　計算式:体重kg÷(身長m)²＝ＢＭＩ指数	0	1
⑧	今、この本を読んでいるあなたの背筋は伸びている?	1	0
⑨	安くてもいいから靴は15足以上持っている	1	0
⑩	化粧品代に月1万円以上使っている	1	0
⑪	髪型はショートヘアだ	0	1
⑫	月に1回美容院に行く	1	0
合 計			点

	～生活力～	YES	NO
⑬	友達をよく家に呼ぶ	1	0
⑭	離婚歴がある	1	0
⑮	20分で3品作れる	1	0
⑯	お茶碗にごはん粒は残さない	1	0
⑰	家に入ったゴキブリを一人で追い払える	1	0
⑱	本来、夫婦は男性は外、女性は家にいることが理想だと思う	0	1
合 計			点

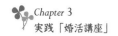

●コミュニケーション力

⑲ 言いたいことはきちんと言わなければ気持ちは伝わりません。
⑳ 会話を広げるためには披露できるようなネタがあると武器になります。
㉑ 自分を立ててくれる後輩や年下とばかり遊んでいるのは要注意です。
㉒ 母親と仲が良すぎるのも婚活には考えもの。自立した女性とはいえません。
㉓ 相手から投げかけられたらきちんと返す。人間関係を築く基本事項です。
㉔ 待ち合わせに先に着いている人は、時間を守るしっかり者で好印象です。

●ハート力

㉕ これが許されるのは10代のアルバイトくらい。ハートの強さが測られます。
㉖ 感嘆詞が多い女性はハートが豊かということを表します。
㉗ 自分を産んでくれた両親へのあたたかい気持ちを忘れていませんか。
㉘ 誰にでも感じよい気遣いが自然にできるか人にはハート力のポイントが加算されます。
㉙ ハート力のある人は、見て見ぬふりはせずに伝えにくいことでもきちんと伝えます。
㉚ 30歳を過ぎてデートよりも母親との買い物を優先させるのは、婚活においては問題です。

<Aさんの例>

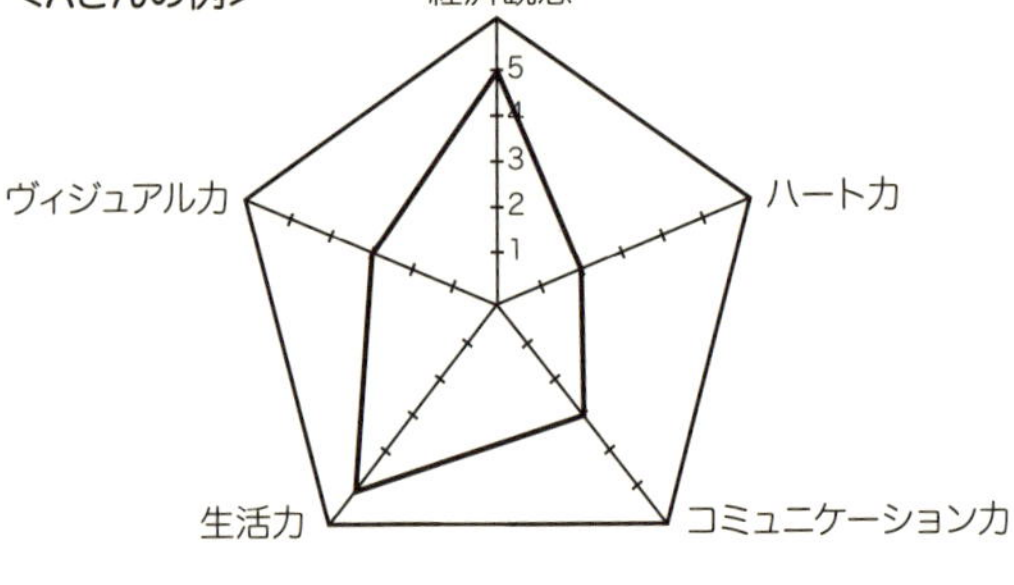

■あなたに欠けているのは何？

ここでポイントになるのは、五角形の大きさとバランスです。小さい五角形だったり、Aさんのようにいびつな形になったりしていませんか。自分の現状をここでしっかり認識してみましょう。

あなたが結婚できない理由のチェック項目について、簡単にご説明しましょう。

●経済観念
①通帳残高を把握しているかが、きちんとお金を管理できるかどうかのバロメーターです。 ②いくら気に入ったとしても同じデザインを色違いで買うというのは浪費癖が疑われます。 ③卵の値段を覚えているかは、経済感覚、家計を管理する能力があるかを測ります。 ④自分で家計をやりくりすることで、経済観念が養われていると判断できます。 ⑤10 年以上働いていていれば年収の 2 倍の預金は当然。貯蓄能力で経済観念が測られます。 ⑥ものを大切に長く使うことができる人は経済観念が高いといえます。

●ヴィジュアル力
⑦BMI 22 が標準体重。23 以上は標準より太めとなり、肥満はマイナス要因です。 ⑧モデル体型とはいわなくても、背筋をスッと伸ばすだけで見た目の印象は変わります。 ⑨靴をたくさん持っていて、バリエーションが多いほうがおしゃれ度は高くなります。 ⑩お肌やメイクに気をつかっていれば、月に 1 万円の出費は当然でしょう。 ⑪たいていの男性は長い髪が好きなもの。婚活においてロングヘアは最強の武器です。 ⑫髪の毛を美しくつややかに保つためにも、月に 1 回は美容院に行きましょう。

●生活力
⑬友だちを家に呼べるのは、掃除や料理ができる人で、家事能力、生活力があるということ。 ⑭バツイチの女性は、結婚生活をしていた経験があるので、結婚が “生活” ということを知っているためプラスポイントです。 ⑮本格的な料理ができるより、あるものを短時間でパッと料理ができるのが生活力です。 ⑯きちんとした家庭で育った常識ある女性かどうかがあらわれる項目です。 ⑰何事も自分で乗り越えられるか。いざという時のたくましさを測る項目です。 ⑱男性に養ってもらいたいという昔の考え方は捨てましょう。

✻理路整然と婚活を進めよう

でも、なかには、私たちのどんなアドバイスにもことごとく反発し、拒絶してしまう女性もいます。

「男性うけするファッションやヘアメイクなんて、今さら恥ずかしくてできません。ありのままの私を受け入れてくれる男性を探します」

というように、「自分を否定された」というネガティブな感情が先に立ってしまうタイプの女性です。婚活アドバイザーの言うとおりにすればきっと効果があるはず、と頭ではわかっていても、それを素直に受け入れることができないのです。

こういう女性は、どこまでいっても自分を変えることができないので、婚活もうまく運びません。

お見合いをした相手の男性に「いかかでしたか。次回またデートなさってみますか？」と打診をすると、「いやあ、素晴らしい女性だとは思いますが、自分にはちょっと……」とやんわり断られたり、断られなかったとしても次のデート1回のみで、2度目はなかったりします。

そんなことが度重なると、婚活をやめてしまいたくなるかもしれません。でも、そこで**感情に流されてはいけない**のです。また、断りを入れてきた相手の男性を責めるのも筋違いです。

人を責める前に自分を見つめ直すことです。自分が一番大事、自分と同じ考えの人以外を排除するというような考え方ではいつまでも結婚することはできません。

✼リケ女の婚活がうまくいく理由

その一方で、とにかく頭がよくて、人の話をよく聞き、感情ではなく理性で受け入れ、**教えられたことをすべてこなしていく**という方もいます。勉強や仕事の場合と同様に、婚活においても、きちんと学び、きちんと実行し、成長していくことが大事とわかっている女性です。そういうタイプは理系の女性に多い気がします。

そういう女性は、お見合い相手にやんわりと断られたとしても、感情的にならず、「あら、そう。ご縁がなかったのね。ハイ、次！」と軽く受け流し、次の相手に気持ちを切り替える賢明さを持っています。

「どうして断られたのだろう」と考える余裕も持っています。自分の言動を冷静に振り返って、マイナス点がなかったかどうか客観的に分析し、改善すべき点は改善していこうと前に進んでいく。そういう**理路整然たる思考と姿勢で臨んでこそ、婚活は成功**します。

それができる女性は、私どものアドバイスを素直に吸収し、実行します。そして、みるみるきれいになっていき、次のステップへ進んでいくことができるのです。

2 婚活仕様の外見とは

前章でご紹介したプロセスは、結婚相談所を利用した場合のもの、それも私ども「マリーミー」での流れです。

すでにお話したように、婚活の手段は他にもいろいろありますが、私自身は、一人ひとりに「担当アドバイザー」がつき、一対一ですべてにおいてアドバイスをしてくれる結婚相談所を活用することが、結婚への最も近道であり、短期決戦向きだと考えています。

ここからは、私があなたの担当アドバイザーになって、この本を手に取ってくださったすべての方が、自分の力で幸せな結婚を勝ち取ることができるように、婚活のプロとしてのアドバイスをすべてお話しましょう。

✻第一印象は写真で決まる

ここまで読まれて、あなたは、婚活市場における自分の市場価値を理解することができたはずです。そして自分が結婚相手に求める条件を見直し、理想とする結婚像も描き始めました。

次は相手を選ぶ、と同時に相手に選ばれるために自分を演出するステップです。

自分が相手を選ぶときには、プロフィールと写真を見るように、相手も同じことをしていると考えましょう。**選ばれるためにはまずは外見の第一印象が何より大切**です。「あ、この女性とぜひお会いしたい」と思ってもらえるような写真にする必要があります。

婚活ファッションについては後ほど詳しく説明しますが、仕事で着るようなかちっとしたスーツではなく、あなたの**女性らしさをアピール**できるようなふんわりとした柔らかい色のブラウスやワンピースを着て写真を撮りましょう。髪型やメイクも大事です。

あなたがもし就活戦線に勝ち抜いた方なら思い出してください。就活ファッションこそ揃いも揃って同じブラックのスーツに白いシャツでしたが、面接用の写真を撮影するときには、企業や業界にあわせてメイクや髪型を考えたはずです。自分を本物以上に良く見せる写真で、まず書類審査を通らなければ面接にも進めない、面接官に会ってもらえなかったはずです。

婚活写真も同じこと。男性にうけるファッションとヘアメイクで、まず自分が希望する相手に、第一印象で選んでもらわなければお見合いには進めず、スタートラインに立てないのですから。

あなたが一番美しく素敵に見える写真を、できればお見合い写真専門のプロのカメラマンに撮ってもらってください。間違っても証明写真や自撮り写真を使って手抜きはしないでくださいね。

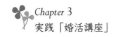

✼まずは外見の魅力でアピール

男性が女性のどこに「女性らしさ」を感じ、惹きつけられるかといえば、なんといっても**最初は顔やスタイル、続いて性格のよさ**です。

あなたが知的な仕事を持ち、経済的に自立していることは、男性にとって大歓迎のプラスの要素ですが、仕事をてきぱきとこなす女性を見て、「可愛いな」とか「付き合いたいな」とか、ましてや、「結婚したい」と望む男性はきわめて少ないのです。

外見→性格→知性→仕事のキャリアという順序でアピールしていくことをおすすめします。

最初に仕事のキャリアを強調してしまうと、男性は腰がひけてしまいます。あなたが築き上げた仕事のキャリアがどのようなものであるのか、それを彼に理解してもらうのは、後々ゆっくりと時間をかけてやっていけばよいと思います。

✻好感度ファッション

それでは、婚活用の外見としては、どんなものがふさわしいのでしょうか。

ひとことで言えば、男性に「きれい、かっこいい、女性らしい」を感じさせるということです。

そもそも誰と結婚するのかをきちんと認識せず、男性と結婚するのだということを忘れている女性があまりに多すぎます。

たとえばファッションです。男性の特性を無視して、自分好みの服装をしていませんか。

仕事ができる女性が好んで着るような黒やグレーのカチッとしたビジネススーツは、それがどんなに高級ブランドの素敵なものであっても、お見合い向きではありません。また、ゆったりしたパンツなど動きやすさ重視のものや、あまりにカジュアルな服装では、男性の目を惹きつけることはできません。ましてや、42歳なのに50歳に見えてしまうようなシック過ぎる服装はやめておきましょう。

女性のファッションは、男性にとっても大きな関心事です。あなただって、相手の男性が冴えない格好でデートの待ち合わせ場所に現れたりしたら、がっかりするでしょう。男性の場合も同じなのです。

もはや「女を捨ててしまった」といわんばかりに、色香のない地味な服装をしていたら、男性に選ばれるわけがありません。

では、どんな服を着ればいいのでしょう。

流行の最先端をいくようなファッションは、概して男性に不評です。流行やブランドにこだわらず、あなたが女性として最も素敵に見えるファッションを選ぶことが賢明です。

参考にしていただきたいのは、女子アナがよく着ているような**コンサバ系ファッション**で、好みは別として、これが婚活の王道です。

なかでも絶対に間違いないのが**白いワンピース**です。そのほか、ピンク、イエロー、水色など、**ハッピーな雰囲気のマカロンカラー**も、明るい雰囲気に見せてくれます。

コンサバ系ファッションがなぜ男性に好感を持たれるかといえば、男を立ててくれそう、しっかりと家庭を守ってくれそう、という**安心感を男性に与えるから**です。フレアスカートも、動くたびにひらひらと揺れる裾が女性らしさを強調しておすすめです。

ここで気をつけたいのは、安っぽくならないように、素材やデザインをじっくり吟味して選択すること。ファストファッションブランドも若い女性なら可愛いですが、30を越えたらせいぜいポイントづかい程度にしておきましょう。

一方、ひと目でわかる高級ブランドもやめたほうが賢明です。女性のファッションのブランドがよくわかっている男性はそう多くはないと思いますが、たとえばコートを着せてくれるときに、裏地に「GUCCI」の文字がちらっと見えたら、お金遣いの荒い、経済観念のない女性だという印象を相手に与えてしまうでしょう。

✼アクセサリーも上品に

アクセサリーをじゃらじゃらと着けるのはNGです。各アイテムをひとつずつ着けるのはよいと思いますが、大きなイヤリングを耳にぶら下げ、首には大粒のネックレス、そして手にはごつい指輪を3つも4つもという個性的なファッションは、男性にはうけません。**清楚で控えめなパールが上品**でおすすめです。

バッグは、全面にブランドロゴが付いているものではなく、どこのブランドなのか極力わからないデザインで、かつ質のよいものをチョイスしてください。

けばけばしいネイルアートはやめておきましょう。ネイルのおしゃれをするなら、指先から清楚さをアピールすることができるフレンチネイルを私はおすすめしています。

ファッションが決まったら、仕上げにハイヒールを。脚長効果があり、ヒップやバストの位置も上がって見えます。確実にスタイルがよく見えるというだけでなく、気持ちのうえでも自信がつき、しぐさや振る舞いも魅力的になっていきます。

✽ロングの巻き髪は最強の武器

全身の7割を被っているのは服ですから、相手に与える印象は、服装によってほぼ決定づけられますが、顔回りに関して言えば、けっしておろそかにできないのが髪型です。ぱっと見の印象を左右するのは、ヘアスタイルです。

ある女性誌が「きれいの7割は髪で決まる」という特集を組んだことがありますが、まさにそのとおりで、「きれい、かっこいい、女性らしい」と感じさせる要素の大半を担っているのは、髪なのです。

仕事がしやすいようにと、いつもゴムでひとつにまとめたりしていませんか。

仕事を中心に考えているかぎり、おしゃれはできません。仕事脳から婚活脳に切り替え、ヘアスタイルに気をつかうだけで、確実に女性らしくなります。見た目が変わると、内面も変わります。そして、周囲のあなたを見る目も自然と変わってくるはずです。

ショートヘアの女性は、ためしに一度、髪を伸ばしてみませんか。髪が肩にかかるぐらい伸びる頃には、しぐさも自然と女性らしくなっているはずです。

ロングヘアは女性の武器です。そして、髪を巻くことにトライしてみてください。ホットカーラーやヘアアイロンを使えば、20分程度で巻き髪が完成します。

また、「髪で年齢がわかる」といわれるように、髪型だけ気合を入れても、髪に艶がなかったら、一気に相手に年齢を感じさせてしまいます。年下の相手なら、なおさら気を遣う必要があります。毎日の手入れを欠かさず、ヘアケアを今まで以上に徹底して、**美しい髪を保ちましょう**。美容院へもこまめに通うようにするのは言うまでもありません。

女性らしいファッション、ヘアスタイルに加えて、**手入れの行き届いた美しい肌と品のよいメイク**もとても大事なポイントです。

肌も髪と同じく年齢や疲れが出やすい部分です。年齢を感じさせない、透き通るような肌をめざして、目立たないところで日々努力してください。そして、あくまで上品な年相応のメイクで若い子とは一線を画しましょう。

✻女優になったつもりで演じる

「ロングの巻き髪にするのは面倒だ」とか、「ひらひらした服装には抵抗がある」などと言っていてはいけません。週末の休みを返上して、人脈づくりのために異業種交流会に参加するなど、仕事面ではいくらでも頑張れるのに、美容やファッションで自分を磨くことを怠けているようでは、はっきりいって女性失格です。

仕事に関する努力はできるのですから、プライベートでもできるはず。自分を磨けば、きっと素敵な恋愛と結婚ができますよ。**まずは見た目から変えていきましょう。**

電車の中でも下を向いてスマホなどいじっていないで、周囲の視線を意識し、常に美しい表情、美しい姿勢、美しい佇まいでいることを心がけてください。

女優になったつもりで、「いい女」を演じてみましょう。また、女優なら誰もがそうしているように、どうすれば美しく見えるか、「鏡の前で練習する」「写真で確かめる」こともおすすめします。**自分が最も美しく見える角度を知る**ことができます。

✼競争社会で着込んだ鎧を脱ぐ

仕事最優先で全力投球していると、仕事を離れたプライベートの時間でも本来自分が持っているはずの女性らしさを外に出すことが難しくなりがちです。**戦国女子の鎧を一度着てしまうと、それを脱ぐことができなくなってしまう**のです。

かつての私がそうでした。

30代前半に自分の会社を立ち上げ、その後の毎日は、朝起きて真っ先に頭に浮かぶのが「本日のスケジュール」でした。午前中にあれとこれをこなして、午後はあそこへ行って、夜は取引先の誰々さんに会って、というように、予定はびっしりと詰まっていました。

「疲れた」とか、「今日はちょっと体調がすぐれない」とか、弱音を吐くことは許されません。経営者である私が率先してバリバリ働かなければ、社員一同に示しがつかないのです。

「熱が出た」などという理由で取引先との約束をすっぽかしたりすれば、私自身だけでなく会社の信用にかかわります。

毎日が戦いの連続でした。今にして思うと、気分はまさしく「戦国女子」でした。命がけで頑張り続けた結果、努力は報われました。会社は順調に業績を伸ばし、業界でも一目おかれて、地位の高い方々と対等にお話できるまでになりました。

私は仕事に鍛えられ、自分の意見を堂々と述べられるようになりましたし、そんな自分を、「我ながら立派に成長したものだ」と喜んでいたのです。

ところが、ある朝、たまたま時間に余裕があったので、いつもより念入りにメイクをしようと鏡に向かっていると、なんと、眉間にシワが寄っているではありませんか！

それに、自分ではにっこり微笑んでいるつもりでも、目が笑っていない！

そんな怖い女になりかけている自分に気づき、慌てました。

もちろん、今ではそんなことはありません。眉間のシワもホウレイ線もなく、お肌はつるつる、髪もつやつやです。

なぜそうなったかというと、**仕事のスイッチオンとオフ**、この切り替えが上手にできるようになったからです。

現在進行形で戦っている戦国女子の皆さんは、そのまま突っ走ってしまわずに、一刻も早く進路変更することです。

1日の仕事を終えたら即座に鎧を脱ぎ、女性らしさあふれる姿に変身してください。

仕事がしやすいようにとキッチリ結んでいた髪をおろし、口紅を塗り直すだけでもいいのです。たったそれだけのことで、見た目も気分も大きく変わります。

会社帰りにどこかへ寄るわけでもないし、人に会うわけでもない、まっすぐ家に帰るだけ、という日でも、「私って素敵」とうきうきした気分で街を歩けるように自分をもっていくことが大事です。そういう女性を見て、男性は「きれいだな」「魅力的だな」と心惹かれるのですから。

✲現実の自分を直視する

戦国女子になって10年以上が経つという猛者になると、自分の体と鎧が一体化してしまい、脱ぐに脱げない状態になっているかもしれませんね。

そんなあなたのために、私自身が実践し、確実に効果を得られた、とびきりの方法をお教えします。ショック療法に近いのですが、ぜひ試していただきたいと思います。

入浴タイムなどを利用して、**鏡の前に裸で立ってください**。

鏡は嘘をつきません。今のあなたの真実が丸見えになります。

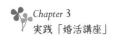

年齢を重ねるにつれて垂れてきた胸、たるんだ二の腕、浮き輪でも巻きつけているかのような下腹部、隙間なくピタリとくっつく肉づきのよい太もも、垂れ下がったヒップ……若々しく引き締まった体をしていた自分は、いったいどこに消えてしまったの？　とびっくりするかもしれません。

仕事最優先の生活を送り、いつしか恋から遠ざかってしまうと、そんなことになってしまうのです。体の変化は、まぎれもない現実です。この現実を直視すれば、**「このままではいけない！」**と必ず気づくはずです。

今のあなたにとって最優先課題は、仕事よりも何よりも、**ボディメイキングすること**です。

✽エクササイズを開始しよう

お腹まわりが〝浮き輪状態〟では、女性らしいセクシーな洋服を着こなすことはできません。二の腕がふりそで状態で手を振るたびに腕の贅肉がブルンブルンと震えていたら、男性は一気に興ざめします。

だから、とにかく引き締める！　デートで最高のパフォーマンスをするために、ボディメイクにとりかかってください。ダイエットも大事ですが、もっと必要なのは、**エクササイズをして引き締める**ことです。

ジョギングをすれば、走っているときに贅肉がブルンブルンと震えて、あなたにアピールしてくれます。「ここに、いらないお肉が集まっていますよ」と。

そして、筋肉痛がこう知らせてくれます。「今、あなたの体に溜まっていた脂肪を燃やし、筋肉を増やしていますよ」と。

✼歩く、走る、運動をする

年齢を重ねると、体を支える筋肉が衰えがちで、その影響でバストも次第に垂れ下がってきます。と同時に、肩から背中にかけて脂肪がつき、姿勢が悪くなっていきます。

年齢とともに顔面筋肉も衰えるため、垂れ目になったり、頬が垂れ下がってホウレイ線が出てきたりします。

「あたしって猫背気味かしら」「顔が垂れてきたかも…」と思ったら、全身の筋肉を増やす運動を即実行してください。

食事制限をしても、筋肉を増やすことはできません。むしろ、筋肉は落ちてしまいます。

ジョギング、ウォーキング、スイミングなど、エクササイズにもいろいろあります。あなたが最もやりやすいもの、自分に向いているもの、毎日できて、長く続けられるものを見つけてください。

まずは1週間、エクササイズを継続しましょう。

すると、あなたは鏡の中に、わずかだけれど確かな成果を見ることができます。

たとえわずかでも引き締まってきた顔や体を見ると、「よし、これからも続けよう」と、ここで再びスイッチが入ります。

そこからまた1週間、さらに1週間と、エクササイズを続けていくことができます。

人間の体は、およそ3か月で全細胞が入れ替わるとされています。

3か月後、あなたは鏡の中にどんな姿を発見するでしょう。

以前よりもずっとすっきりとした二の腕、適度に固く引き締まった太もも、お腹はぺたんこになり、バストには張りが戻っている、ヒップもかっこよくアップ…という姿になっていれば最高ですね。

✲美しい姿勢をキープ

あなたを女性らしく見せるために大切なのは、美しい姿勢です。**背筋を伸ばし、常に美しい姿勢をキープすることを意識**してください。

姿勢をキープするために必要なのは、いうまでもなく「筋肉」です。腹筋、背筋はもとより、胸の筋肉や首の筋肉、そのほか下肢全体の筋肉も使われます。

優雅で美しいバレリーナの立ち姿をイメージしてください。

バレリーナの立ち姿は、まるで天井から糸で吊るされているように、ぴんと伸びています。あなたもそれを真似してみましょう。

骨盤は寝かさずに、つまりお尻の穴をキュッと締めて立ってください。そして、膝とつま先は同じ方向に向けてください。

デートの待ち合わせで、**バレリーナのような美しい立ち姿**を意識し、足を少しだけクロスさせ、にこやかな雰囲気で待っていてください。これが最強の立ち姿です。

3 お見合い〜デートでやるべきこと

✼まずは条件に合う人をピックアップ

外見が婚活仕様に整ったら、いよいよ本格的に婚活を始動させましょう。

自分の設定した条件に合う男性を数ある候補者の中からピックアップしていきます。結婚相談所や結婚情報サービスに登録すれば、より多くの「結婚したい」男性のプロフィールデータを見ることができます。大手の結婚相談所だけでなく、今は中小の相談所も登録者データを共有しています。出会いのチャンスが無限に広がるといってもいいくらいです。

自力で条件に合う人を探すだけでなく、相談所のほうからあなたにピッタリの人を紹介してくれるサービスを行っているところがほとんどです。他の人の目からのチョイスに「自分では選ばないけど、意外といいかも…」となるかもしれません。

また、こちらからガンガン動かなくても、あなたのプロフィールを見て「ぜひお会いしたい」という声がかかってくる可能性も大いにあります。そういう時には、**条件が多少合わない人だったとしても、ぜひ一度会ってみる**ことをおすすめします。

とにかく、**「いいな」と思った人にはどんどんオファー**をしてみるべきです。「自分の方から男性に声をかける」なんて恥ずかしくてとてもできない人でも、相談所にオファーをお願いできるのですから気楽です。こちらからのオファーに相手が応えてくれないということももちろんあるでしょうが、断られるのはお互いさまですし、会って断られるのに比べればたいしたことではありません。いちいち落ち込んでいる暇はないのです。ここは、**ダメだったら「ハイ、次!」くらいの気持ち**で、ビジネスライクにこなしていきましょう。

あなたのオファーに相手が応えてくれれば、または相手からのオファーにあなたが応えれば、さあ、次のステップはお見合いです。

❇相手が見つけてくれないときは

お見合いは、結婚相談所の応接室などを使っていただくこともありますが、ホテルのロビーなどで待ち合わせをして、ラウンジでお話をするというのが一般的です。お互い初対面で、プロフィールの写真しか知らないので、その場合は男性のほうから女性に声をかけて近づいていくことが基本ルールとされています。

けれども時には、男性がぼんやりしていて、女性を見つけられないこともあります。また、お互い写真と違いすぎて見つけられない、というのもよくあることです。

あの人だとわかったら、**女性のほうから声をかけましょう**。

あるCAの女性は、都心の一流ホテルのロビーラウンジで相手の男性と待ち合わせをしていたのですが、約束の時間を過ぎても誰も現れなかったようで、アドバイザーである私に電話をかけてきました。

「先方からは何の連絡も入っていませんので、もうしばらく待ってみてはいかがです

か」とお答えしたところ、

「いえ実は、たぶんあの人だと思うんですけど、ずっと携帯を見ていて、私を探してくれないんです」と言うのです。

その答えに私はびっくりしましたが、こう提案してみました。

「あの人だと思うなら、あなたから歩み寄って声をかければいいでしょう?」

「いやです。男性から声をかけてくれるのがルールですよね」

そんなやりとりがあった後、しばらくして、「もう帰っていいでしょうか」と、彼女から連絡が入り、結局、そのお見合いはふたりが会うことなく流れてしまいました。

「なぜ女性の私から声をかけなきゃいけないの」という彼女のプライドのために、ひとつの出会いのチャンスをふいにしてしまったわけです。

何事も男性にリードしてもらいたい、などと思っていては、せっかくのチャンスも逃します。仕事の場では男性と対等の立場で、時には競争することもあるでしょう。恋愛となると男性にリードしてもらわないと何もできないというのは、明らかにおかしいことに気づくべきです。

出会いの場だけではありません。すべてにおいていえることですが、**相手にしてもらうことだけを求めているばかりでは何も始まりません。自分から歩み寄ること、相手にしてあげることを考えましょう。**つまらないプライドなど要りません。

✽遅れてきた相手にどう対応する?

お見合いの待ち合わせ時間に遅れずに行くのは最低限の礼儀です。できれば**待ち合わせ時間の15分くらい前には到着**して待ち合わせ場所を確認し、化粧室に寄ってから向かうくらいの余裕がほしいですね。時間ギリギリに到着するのとは心の持ちようが違ってきます。

とはいえ、なんらかの事情で待ち合わせに遅れてしまうことがあるでしょう。その場合は、相談所に電話を入れて伝言をお願いします。お詫びの言葉も忘れずに。

相手が遅れる場合も同じルールとなりますが、お見合いで相手が遅れてきたら、あなたはどうしますか。初めて会う人に待たされたときにどう対応するかは、その人の人間力が試されるシーンとなります。

小学校の教員をしているある女性会員は、お見合い相手の男性が待ち合わせ時間に遅れたことに怒っていました。

「途中、高速道路で事故に巻き込まれ、どうしても30分ほど遅れてしまいますが、お茶でも飲んで待っていてくださいますか」と事前に相談所を通じて連絡があり、婚活アドバイザーから女性にお知らせしていたにもかかわらずです。

30分後、汗をかきかき、大急ぎでかけつけ、

「お待たせしてしまって申し訳ありませんでした」

と平謝りをする彼に対する彼女の発した第一声は、「私、1時間も待ちました。足が痛くてたまりません」でした。

気まずい雰囲気のなか、彼が何か話しかけても、彼女はにこりともしなかったようで、いうまでもなく、このお見合いは破談になりました。

彼が遅れてきたことを謝ったら、「いえいえ、遅れていらっしゃるということは相談所から連絡をいただきました。本を読みながらお待ちしていましたので大丈夫で

す。それよりも、汗がひくまで涼みましょう」というのが100点の対応でしょう。

初対面の相手に、にこりともせず、文句ばかり言うのはいただけません。**どんなときにも感情をあらわにせず、笑顔で応対**することです。相手が時間に遅れてきたとしても、にっこり微笑み、大人の対応をしましょう。**男性が結婚相手に求めているものは、「優しさ」と「思いやり」**なのですから。

✻勝負は最初の数分

まず、初対面の挨拶をして、第一印象で「写真のとおり素敵な女性だ」と思わせることができるかが第一関門です。頑張って撮った写真と実物が違っていたら、会った瞬間にがっかりされてしまいます。

ここまで学んだ知識を総動員した婚活仕様のスタイルで、**まず第一印象で惹きつけましょう。**

お見合いの時間は一般的には1時間前後です。1時間という**限られた時間で何がで**

きるかを考えて、相手に見せる自分を演出してください。

最初の数分で相手を惹きつけることができたら、外見以外の部分でも好印象のままお見合いを終了するのが次の目標です。

いつも最初のお見合いで断られてしまって、次のデートまで進めない女性もいます。

お見合いを戦いの「リング」と間違えているわけではないでしょうが、相手に怖い印象を与えてしまうことがその原因です。女性らしい話し方やふるまいができなかったのです。

お見合いというのは、60分1本勝負です。大事なチャンスの舞台で、自分のマイナス部分を披露するのではなく、いかにプラス部分を相手に披露することができるかで勝負が決まります。

会話の中で、また、しぐさや立ち居振る舞いで、気遣いのできる、思いやりのある、優しい女性だと相手に印象づけることができれば成功です。

✽プラス評価で次につなげる

どちらか片方がよくても交際には発展しません。

たとえ相手に好印象をもたれて、「次もぜひ…」と言われても、あなたが「二度と会いたくない」と思ったら先はありません。自分をよく見せることと併行して、1時間の間に、先へ進むのにふさわしい相手かどうかを見極める必要があります。

最初の1時間の判断で「なんとなくピンとこない」という理由でお断りしてしまう女性がいますが、私は「〝会ってみたら写真と違った〟、〝話が全然盛り上がらなかった〟というような消極的な理由なら、もう一度お会いしてみなさい」と言います。

それが、「生理的に受け付けない」「同じ空気を吸うのもイヤ」というくらいはっきりイヤなのであれば、それはもうお断りしてかまいません。相手からのオファーによるお見合いで、自分から選んだ相手ではない場合は、そういうケースもたまにはあるでしょう。でもほとんどの場合は、そこまで積極的にイヤということはないはずです。

男性の立場からいえば、初対面の素敵な女性を前にして、緊張していたのかもしれません。女性相手にうまく話を盛り上げることができないというのも、仕事であまり女性と接する機会のない男性なら大いにありうることです。

それに、もしかしたらあなたの方でも、会話をはずませる努力をしなかったのではないでしょうか。「ハイ」「そうですね」だけの返事をして、それで話が終わってしまったということはないですか。

とにかく**1回会っただけで「ダメ」と判断してしまうのは早計**です。

初対面の相手のマイナス点を探して切り捨てるのではなく、**いいところを探してプラス評価をして**みましょう。一見マイナスにとらえられる面も見方を変えれば、プラスに置き換えることができます。すぐに否定せず、いいほうに解釈して考えれば、「もう1回会ってみてもいいかな」と思えてくるでしょう。第一印象でピンとこなくても、2回目、3回目とデートを重ねていろいろな話をしていくうちに、共通の話題や価値観をみつけていくケースも多いのです。

✿仕事の話はほどほどに

お見合いの席でキャリア女性がついやってしまいがちな悪いクセ、それはビジネスの話を持ち出し、自分がいかに頑張って仕事をしているかということを、延々と話し続けてしまうことです。

某外資系企業にお勤めの女性の場合が、まさにこれでした。

相手の男性が、自己紹介をかねて会社のことを話題にすると、彼女は最後まで聞こうとせず、自分の会社の話を始めたのです。

「おたくの会社はそうですか。うちの会社では、こうですよ。それで私はいまこんなプロジェクトを動かしていて、予算は何億で、だからものすごく責任重大で、毎晩帰りが遅くなるので大変です。でも仕事は面白いから…」

という調子で、お見合いの間中ずっと自分の仕事の話ばかりしていたそうです。

当然の結果ですが、次のデートを、とは言われませんでした。

「お見合いの席で仕事の話をしてどうするのっ！」と私は彼女を叱りました。

「えっ、だって相手が先に仕事の話をしたんですよ」と彼女は反論しましたが、それは責任転嫁というものです。

お見合いの席で、結婚相手になるかもしれない男性に対してビジネス上のライバルに対峙するかのようにふるまってしまうなど、もってのほかです。無意識のうちにそうなっているとしたら、**無意識の行動だからこそ、意識して改める**必要があります。

お見合いの席で男性が仕事の話を始めるのは、あなたに自分のことを知ってほしいからですから、**ここは聞き役になりましょう**。相手の話をしっかり聞いて相づちをうち、それについて質問をしたり、「すごいですね」と感想を言ったりするのは、自分の話を真剣に聞いてくれているなと感じさせ、好印象を与えます。

相手から仕事について聞かれたら、それに答えるのはもちろんかまいませんが、自分だけしゃべりすぎないように注意すること。自分の優秀さをひけらかしたりせず、**謙虚さを忘れてはいけません**。相手からの質問が仕事のことだったとしても、相手が求めているのは結婚相手であることを忘れないでください。

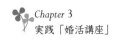

❇してはいけない質問は

お見合いの席では、プロフィールに書いてあることの延長線上にある程度の質問にして、相手が話しにくいだろうと思われる**微妙な質問は避けたほうがいい**ですね。

たとえば相手がバツイチの人だったとして、離婚の理由はなんだったのかをお見合いの席で尋ねるのは失礼にあたります。たとえそこがあなたの一番聞きたいポイントだったとしても、そういう質問はもっと後の段階までしまっておきましょう。今まで結婚を考えた女性がいたか、など過去の異性関係を尋ねる質問も同様です。

逆に相手がそういうことを知らずに、あなたに質問をしてきたらどうしますか。そこは大人の対応で適当にはぐらかすことです。言いたくないことを無理に話す必要はまったくありません。

これはこの後交際に発展したとしても同じです。何度かデートを重ねるうちに、彼に「今まで何人の男性と付き合ったの？」と聞かれても、正直に答えてはダメです。

では、お見合いの席では何を質問したらいいでしょう。

お見合いというのは、結婚相手としてふさわしい人であるか、これから結婚を前提としてお付き合いできるか、その可能性を測る場です。お互いに品定めをする場だともいえるでしょう。

質問したいことはお互い山ほどあるでしょうが、ここは、仕事や趣味、休日の過ごし方など当たり障りのないことを聞いておきましょう。けっして次々質問ぜめにして、尋問されていると相手に思われないように注意してください。

また、相手から聞かれたことに答えて、それについて質問をするようにすれば、会話が途切れることがありません。この場で肝心なのは、**話の内容よりも、受け応えや雰囲気**です。

自分を無理してよく見せる必要はないですが、**見せたい自分を相手に見せる**ようにしてください。自分についての情報は、相手に話したいことだけを言えばいいのです。

相手に聞きたいことは、焦らず段階を踏んでいきましょう。少しずつ相手のことを知っていくのが、お見合いの次の段階、デートになります。

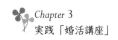

✽候補者一覧表で管理

お見合いでは、その日のうちに、結論が出ることがほとんどです。

「またぜひお会いしたいです」となるか、「とてもいい方だと思いましたが、私にはちょっと…」となるか。そして、双方の意向が一致すれば、交際がスタートすることになります。

相手選びでは1人だけではなく、何人もの候補者をピックアップしてオファーをしたのですから、短期決戦をめざすのであれば、**お見合いから交際へと発展させていくプロセスも同時進行で進めましょう。**

「交際相手は1人だけと決めつけず、3人同時進行で交際していいのです。3人の中で一番よさそうな人を選びましょう。誰と結婚するか、最終決断をするのは女性のあなたです」

マリーミーでは、女性会員の皆さんにそうお教えしています。これは私自身が30代の婚活時代に実践し、成功してきた実経験に基づく方法であり、他の結婚相談所でも、3人までの同時交際がルールとして認められています。

候補は多ければ多いほどいいのです。

彼らの名前、住んでいるところ、職業、年収、趣味、家族構成などの情報をすべて書き出し、あるいはコンピュータにインプットして、一覧表データを作成しましょう。

相手が3人いると、それぞれ週1・5回デートしたとして、デートの回数は月に18回ほどになります。ちょっと忙しくなりますが、そこは頑張ってください。

土曜日と日曜日は必ず予定を入れるようにすれば、週末だけで月に8回のデートができます。

残るは、あと10回ですね。平日が22日あるとして、2日に1度の割合です。

会って話をしているうちに「なんとなく、この人は違う」と感じたら、無理をしてデートを続ける必要はありません。ここでお断りしていいでしょう。

そういうときのためにも、候補者一覧表を作成しておくことが大事です。

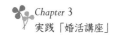

候補者一覧表

＜プロフィール＞

	名前	年齢	連絡先	居住地	職業	年収	趣味	性格
1								
2								
3								
4								
5								
6								

＜進行状況＞

	名前	出会い(お見合い)	結果・印象など	デート①日時	結果・印象など	デート②日時	結果・印象など
1							
2							
3							
4							
5							
6							

■優先順位の高い順に並べます。

■候補者からはずれたらリストから消していきます。

✻デート前にこれだけはチェック！

お見合いがうまくいって交際がスタートすることになったら、日程調整やデートの場所などはふたりで相談して決めていくことになります。お見合いの好印象をそのまま維持しつつ、さらに2度目のデートにつなげるためにも万全の態勢で臨みましょう。

デート前日のチェックリスト

① ムダ毛は大丈夫？（鼻毛・産毛・すね毛・腋毛）	□
② 肌・爪の手入れ	□
③ 服・靴・バッグは決まった？	□
④ 充分な睡眠をとろう	□
⑤ 自分から明日のデートの確認の連絡	□
⑥ ↑の情報を元に当日話す内容を決める	□

デート直前のチェックリスト

① お化粧は直した？	□
② ヘアースタイルは整っている？	□
③ 服装は乱れていない？	□
④ 香りは大丈夫？	□
⑤ 時間・場所の確認は？	□
⑥ 笑顔は忘れていない？	□

■確認したらチェックを入れてください。

✼お断りのルール

最初のデートは、お見合いの延長戦のようなもの、改めての顔合わせといった感じのものでよいと思います。あなたと彼がふたりきりで時間を過ごすとどんな雰囲気になるのか、お互いに確かめ合うことが大事です。

お見合いの席ではお互い好印象で交際をスタートしたとしても、最初のデートで、または婚活デートを続けるうちに「この人じゃない」と思ったら、その時点でお断りをしましょう。いつまでもズルズルと結論を先延ばしにしていいことはありません。それはあなたのためだけでなく、相手に対しても失礼です。

結婚相談所のいいところは、そういう場合には私どもに「今後の交際は中止とさせてください」とひとこと言ってもらえれば、相手の相談所の担当の方にお伝えできることです。言いにくいことを直接相手に言う必要がないのです。相手の方があなたを気に入って交際を続けたいと思っていたとしても、「あぁ、縁がなかったのだな」と諦められます。面と向かって言われるよりもプライドが傷つかずにすむでしょう。

ところが、ある女性会員は、お見合いの後の1回目のデートで、お見合いでの不満を相手にぶつけ、そのあげくに交際をお断りしてきました。

彼女からその報告を受けた私は、ただただ呆れるばかりでした。

お見合いではその場でＯＫの返事をしてしまったものの、最初のデートまで時間があったため、考えているうちに相手の気になっているところがどんどんイヤになってしまったそうです。それでデートに行く前から「やっぱりお断りしよう」と心に決めていたとのこと。彼女には、過去につらい出来事があって男性を信じられないというちょっと複雑な事情がありました。そうであったにせよ、彼女のとった行動は間違いだったと言わざるをえません。デートのプランをいろいろ考えて楽しみにやってきて、会った途端、いきなり交際を断られた彼には気の毒なことになってしまいました。

お断りは、相談所を通してするように。結婚相談所を使って婚活をする場合は、そのルールを知って、守ることも婚活がうまくいくためのポイントです。

✽交際期間は3か月が最も多い

婚活においての交際は、出会ってからの3か月が勝負です。もちろん例外もありますが、私どもでめでたくご成婚された方たちのほとんどは、**最初のお見合いから3か月以内に結婚が決まっています。**

その3か月の間に、いかにしっかりと信頼関係を築き上げ、プロポーズまでもっていけるかが重要です。

初対面のお見合いで、または最初や2回目のデートで、あなたの心が「この人だ！」と決まったら、相手にもそう思ってもらえるよう、全力で動き出しましょう。

彼がどれだけ前向きにあなたとの結婚を考えているかはわからない状況ですが、彼のほうでも次のデートを考えてくれるなら、できるだけ頻繁に会うようにしましょう。

平日の夜のデートは月に2回くらい、毎週末は必ず、というペースが理想的です。

つまり「週1・5法則」です。

平日は、仕事帰りにカフェで待ち合わせて、そこからお食事に出かけ、その日の出来事や楽しかったことを語り合うデートがいいですね。結婚後の素敵な生活をなんとなく彼にイメージさせることができるでしょう。

レストランで彼が払ってくれたら、必ず「ごちそうさまでした。とってもおいしかったです」とお礼を言うことを忘れないでくださいね。そして、別れ際に「次回は私が…」とさりげなく言えるのは、大人の女性ならではの気配りです。「じゃあ、次回はいつにしますか？」と次のデートのきっかけになるかもしれません。

✻おすすめデートは水族館

ウィークデーは1～2時間程度のデートでよいとして、休日はやはりどこかへ出かけ、彼と1日楽しく過ごすことをおすすめします。

休日のデートは、どこへ行けばよいでしょうか。

ディズニーランドなどの遊園地は、婚活デートスポットとして不向きです。アトラクションや乗り物がたくさんあって楽しめそうですが、落ち着いて話ができる雰囲気ではありません。

私のおすすめは、美術館・映画館・水族館です。見るもの、聞くもの、楽しむものが提供されていて、なおかつ適度に静かなので、ふたりの世界をいい感じに保つことができます。また、お互いの趣味や好み、教養レベルなどを知ることができます。

そのなかでも特に**デート初心者におすすめしたいのは水族館**です。

もしデートの行き先がなかなか決まらないようだったら、あなたのほうから「今度の日曜日、水族館へ行ってみませんか」と誘ってみてはどうでしょうか。

水族館の入り口にはタイムスケジュールが置いてあります。それをさらっと手渡してあげて、何時からイルカのショー、何時からオットセイのショーという具合に、どれを見るか組み立てれば、彼は楽にエスコートできます。さも彼が決めたようにして、安心した様子で彼についていけば、彼もきっと気分がよいでしょう。あなたは彼が組んでくれたプランに従って行動し、天真爛漫に喜んでいてください。

彼にまかせていると何ひとつ決まらない、というタイプの男性が相手だったらどうしましょう。

その場合には、**あなたがデートの場所選びから行動プランの立案、時間管理まで、彼に代わってしっかりとやってしまいましょう。**

仕事をしている女性なら、その段取りをするのはお手のもののはず。一方の男性は、といえば、仕事ができる人ほどプライベートの、ましてデートのプランを考えたりするのが苦手だったり、あまり女性と付き合ったことがない人は、女性はどういうところに誘ったら喜ぶのかわからず、考えこんでしまうこともありがちです。もし彼がそういうタイプだったら、あなたがてきぱきと仕切っている姿を見たら、きっと安心するはずです。結婚したら家のなかのこともしっかりやってくれそうだ、と思ってくれるかもしれません。

ただし、あなたが仕切るのはほどほどに。あまりに完璧すぎると、「なんでもひとりでできる人なんだな。自分の出番はなさそうだ」と思われてしまうおそれもあります。どこかちょっと抜けてるところがあったりするくらいにおさえておきましょう。

もうひとつ、彼にあれこれ指示をしたり、えらそうな口調になったりしないように気をつけてください。たとえあなたがすべて仕切ったとしても、ふたりで相談して決めているという形が重要です。そして、いざというときは頼りにしているという姿勢も忘れずに。

✼デートを楽しんでいることを伝える

女性が心から楽しそうにしていると、男性はとてもうれしいと感じるものです。彼にもっと喜んでもらうためにも、**あなたは率先してデートを楽しみ、それを積極的に示しましょう。**

意思表示をする目的は、彼とのコミュニケーションを円滑にすること、そして「一緒にいると心地よい」と感じてもらうことです。

デートをするなら、「女性を楽しませなくてはいけない。喜ばせなければならない」とプレッシャーを感じ、面倒だと思ってしまう男性もいます。そんな男性は、いつも無表情で、はっきりと意思表示をしない、感情をあまり表に出さない女性を前にすると、「一緒にいてもつまらないのかな」と思ってしまいます。たとえ実はデートを楽しんでいたとしても、言葉できちんと伝えないと、男性には伝わらないのです。

「次はここへ行ってみたい」とか「こんなことをしてみたい」という希望があれば、しっかり彼に伝えましょう。男性の側も、女性が「こうしてもらえるとうれしい」と口に出してくれたほうがうれしいのです。

そして、あなたが彼に望みを伝え、彼がそのとおりにしてくれたら、「ありがとう。こういうデートがしたかったの」と喜んでください。

素直にデートを楽しみ、**うれしい気持ちを伝えることが、女性の男性に対する思いやり**でもあるのです。

✼婚活デートの支払いは

女性は男性にごちそうしてもらうのが「当然」と思っていませんか。

婚活デートでは、一般には男性側が会計をもつのが普通ですが、そういうルールがあるわけではありませんし、ましてやそれは「当然」のことではありません。

自分も払う気持ちを表すこと、そして、もし男性にごちそうしてもらったら、**きちんとお礼を言うのが礼儀なのは言うまでもありません。**

ある40代の女性に、相手の男性の相談所から、3度目のデートのあと、お断りの連絡がありました。

彼女のほうでは相手をとても気に入っていたので、

「どこが力不足でしたでしょうか。教えていただけますか」

とたずねたところ、先方の相談所によれば、

「デートのたびにこちらの男性がお支払いしているのに、〝ごちそうさま〟もおっしゃらないそうです」とのこと。

40歳を過ぎて、マナーのなさ・常識のなさを指摘されるのは、本当に恥ずかしいことです。

「ごちそうさまでした」とお礼を言うにしても、食事中から嬉しそうにしていないと相手の心に届きません。

たとえば、お料理に旬のタケノコが出てきたら、

「タケノコが美味しい季節ですね。本当においしくて、とても幸せな気分になりました。これで明日からまた頑張れます」

というように心から喜んでいるのを表し、素敵なお店を選んで連れてきてくれた**彼に感謝の気持ちを伝えてください**。そして最後にもう一度、「ごちそうさまでした。今日はありがとうございました」と、改めて丁寧にお礼を述べましょう。

また、相手によっては割り勘デートというのもありえます。

たとえば彼のほうが年下だったり、年収が少ないことをわかっていたら、あなたも、ごちそうになっていいのかしら、と気になってしまうかもしれません。

それでも彼が「払いたい」タイプでしたら、甘えてしまっていいでしょう。そうでなければ基本割り勘で、あまり高額でない店でたまにごちそうしてもらいましょう。あなたのほうがたくさん稼いでいたとしても、いつもあなたが払うというのはちょっと違うと思います。

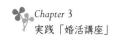

✲恋に落ちてはダメ

私どもでは、**一度に2~3人の相手と交際することを推奨**しています。

「2~3人の方と同時進行でお付き合いをする」というと、ちょっと驚かれることもあるのですが、1人ずつ3か月間交際するという婚活では時間がかかりすぎです。「ひとりの人とお付き合いをしてみて、ダメだったら次の人」、という方法では、あっという間に1年が過ぎてしまいます。

「3人同時にお付き合いを進展させ、この方がベストと思える相手ひとりに絞り込む」というのが、最も効率のよい婚活法だと考えます。

ただし、誰もが3人の男性と交際できるわけではありません。3人と同時進行で交際に進めることができたら、かなり上出来といえるでしょう。

もしあなたが3人の男性と交際に進展したなら、その3人の男性全員に結婚を望まれ、プロポーズされてほしい、というのが私の願いです。

でも、あなたは、その3人を本気で好きになる必要はありません。**むしろ、本気で好きになってはいけない**のです。3人からプロポーズされて、そこではじめて「どの人にしようかな」と選ぶくらいでちょうどよいと思っています。

出会いは結婚相談所やお見合いであっても、そこから恋が始まり、恋愛結婚をしたいと考える女性は少なくありません。心から好きと思える人と結婚したいという気持ちはよくわかります。相手の男性がかなり魅力的で、あなたの好みのタイプだったりすると、好きにならずにいられないかもしれません。

でも、婚活中は、本気で恋愛をしてはいけないのです。

なぜかと言うと、恋に落ちてしまうと周りが何も見えなくなってしまうからです。相手に夢中になってしまうと、相手を冷静に見ることができなくなり、正しい判断ができません。その時点から相手のマイナス点は何も見えなくなってしまいます。

さらに、相手の男性もあなたと同様、婚活の過程であなたに出会っているのですから、恋愛をしようとしているわけではありません。相手の気持ちも同じであればいいのですが、男性のほうではまだひとりの女性に絞り込めていない場合もあります。だとすれば、彼は他の女性とデートをする可能性もあるわけです。そんな状況の中、あなたから一方的に「好き」と迫ったり、嫉妬したり、責めたりすれば、彼が引いてしまうのも無理のないことでしょう。

婚活デートは、ふつうの恋愛におけるデートとは違うのです。婚活デートは、**結婚を前提として、お互いのことを知り、結婚相手としてどうなのかを判断する**ためのものです。

婚活がうまくいって結婚する場合、そこからがスタートです。結婚式の日から、思う存分ご主人になった彼と恋愛をしてください。

4 結婚できる女性はここが違う

✼生活を律して女を磨く

ひとり暮らしで誰も見ていないからと、コンビニで買ったお惣菜をお皿に移しもせず、パックのまま食べたりしていませんか。

友達と飲みに行って酔っぱらって帰宅し、メイクも落とさずにそのままベッドにダイブ、なんてことはしていませんよね。

いくら仕事が忙しくて帰りが毎日遅くても、これではまるで〝おじさん〟です。女子力ゼロと言われても反論できません。

私自身も経験があるのでよくわかりますが、生活リズムが乱れると、いつもなんとなく体の調子が悪くなり、イライラ・カリカリしてきます。そうすると、ふだんは穏やかな性格なのに、ちょっとしたことで感情を爆発させ、攻撃的な言動をしてしまうこともあるのです。

そんな怖い女性ににっこり微笑まれても、男性は心を動かされません。結婚を考えるわけもありません。

彼に結婚を意識させるためにも、**日頃の生活をきちんと管理**してください。

早寝早起きが基本です。仕事が休みだからといって昼まで寝ているのなんてもってのほかです。休日は朝から1日かけて、たまった掃除や洗濯、そして1週間分のおかずを手作りしてタッパーに入れ冷凍保存しておくなど、家事を一生懸命にこなしていると、その達成感と心地よい疲れで早めの時間に就寝することができますよ。日曜日の夜は大河ドラマを見てゆっくりしたあとは、明日の仕事に備えて早めに寝てしまいましょう。

きちんと仕事をして自立した生活を営み、恋愛や結婚に対しても前向きに取り組めるよう自分を律する。そういう生活スタイルを実践してください。

本格的な掃除は休日だけしかできないとしても、家の中はいつもきちんと片付いている状態を保ちましょう。

仕事の書類がテーブルに山積みになったりしていませんか。食べた後の食器がシンクにつけっぱなしになっていたり、室内に干した洗濯物をたたまずそのまま着たり、ということはないでしょうか。いくらインテリアに凝って、素敵な家具でコーディネートされていたとしても、散らかったゴミだらけの部屋では台無しです。

婚活デート中、いつ彼を自宅に招き入れることになるかわかりません。突然彼が来たとしても大丈夫なように、常にきれいな部屋で生活を送りましょう。花やグリーンを絶やさない暮らしというのも素敵ですね。

彼があなたの家に来たときには、作りおきの手料理を冷蔵庫からさっと取り出し、きれいに盛り付けて、彼をもてなすことができたら最高です。

仕事ができるだけでなく、実はとても家庭的であるという、そのギャップがまた、男性にはたまらなく魅力的にうつるのです。きっと結婚後の生活を想像し、一歩前進することでしょう。

✼大人の女性のふるまいを

レストランやホテルなどで、そこで働いている人に対して、上からの態度でえらそうにふるまっている人を見かけることがあります。こちらがお客なのだからサービスを受けるのが当たり前と思っているのか、そういう場面に出会ってしまうと誰もが不愉快になりますね。

デートのとき、自分ではそんなつもりはなくても、ついえらそうな態度になっていることはありませんか。

腕組みをする、ため息をつく、テーブルに肘をつく、椅子の背もたれに寄りかかるなどは、はたから見てもいい気持ちはしません。ましてデート中の相手はどう思うでしょうか。

こうした態度は、いつしか習慣になってしまい、無意識のうちに出てしまいます。ひとつでも思い当たるところがある方はぜひ気をつけてください。

大人の女性として、品位あるふるまいを心がけましょう。

カフェやレストランでメニューをオーダーするときには、自分で勝手に注文したりせず、彼と相談しながら決めましょう。

お料理が運ばれてきたら、運んできてくれた人の目を見て笑顔で「ありがとう」、相手が自分よりも年上だなと思うときは「ありがとうございます」と敬語で話します。

バッグの中には常にハンカチやティッシュを用意してありますか。

椅子に座るときは背筋を伸ばしてよい姿勢を保つ、脚はきちんと揃え、斜め前方に伸ばし、手は膝の上に置く、これが美しい座り方の基本です。常に意識するように心がけてください。

また、言葉遣いもポイントです。**年相応のきれいな言葉遣いができていますか。**

デートの相手が年下だったとしても、若い子の流行語を安易に使うのは避けたほうが無難です。無理をしているように見えてしまいます。

きれいな言葉遣いは正しい日本語を話すことから。敬語が正しく使えるのも大人の女性の魅力です。

✼常識ある女性は尊敬される

デート中の会話の中に少しずつ家族の話をまじえていくと、**彼にあなたがどういう環境で育ったのかを感じてもらう**ことができます。

たとえば、母の日や父の日には必ずプレゼントを持って実家へ行くとか、お正月は暮れから実家に帰り母親とおせち料理を作るのが恒例であるとか、お彼岸のお墓参りは欠かさないとか、そういう家族の行事をきちんとやる家庭であり、両親や祖父母などを大事にしている女性であることを、彼に示してください。彼はきっと心を動かされるはずです。

「きちんとした家庭で育った女性なんだな。結婚したら家のことはちゃんとやってくれそうだ」。彼にそう感じさせることができるでしょう。

仕事の上での常識なら自信があるけれど、家庭内での冠婚葬祭や社交マナーについてはちょっと…という人は、この機会に本を読んで勉強しておきましょう。

結婚式にはどんな服装で参列するとマナーにかなっているのか、お通夜・お葬式ではどんなことに注意が必要かなど、男性は意外とそういうことに疎いものです。世の既婚男性のなかには、奥様に任せきりという人も少なくありません。

あなたの母親世代の方々は常識として身につけているものですが、未婚のあなたがそういうことまで知っていると感心されます。

特に相手が年下の場合は、「よく知っているなあ」と、**知識豊富なあなたに尊敬のまなざしを**向けてくれるでしょう。

お料理教室に通ったり、茶道や活け花などの習い事をしたり、というのもよいことです。そこで得た知識をひけらかすのではなく、ごく自然に、会話の端々に知性と教養が感じられるようになるのが理想です。

20代の女性に比べ、**会話の引き出しが多く話題豊富なのも武器**になるでしょう。

✼「7対3の法則」

一般に、男性よりも女性のほうがおしゃべりです。そのうえ相手の男性が口ベタで寡黙なタイプであれば、女性のあなたが一方的にしゃべり、彼は「うん」とか「いや」とか言うだけ、ということが大いにありえます。

でも、デートの雰囲気を盛り上げるには、**会話のおよそ7割は相手に話をさせ、残りの3割を自分が話す**、というようにするのが鉄則です。

7対3というのは明らかに不均衡ですが、男性のほうではそれでようやく、女性と同じくらい話をしたと感じるようです。

彼がより話をしやすくするためには、あなたのほうからいろいろと質問をしてみてください。

「車よりもバイクがお好きなんですか。どんなバイクに乗っているんですか?」

というように、彼の趣味にあわせた話題や、興味がありそうなことに話を向けるといいですね。

彼の返事を聞き、そこでまたさらに新たな質問をするというようにして、話をふくらませていってください。

彼の話を聞きながら、しっかりとうなずく・相づちを打つというアクションを示すと、「あなたの話をちゃんと聞いていますよ」と相手に伝わるので、彼はよりいっそう話しやすくなります。加えて、「知らなかった」「すごいですね」「尊敬しちゃうわ」と、全面的に彼を受け入れている姿勢を示すと、さらに相手に安心感を与えることができます。

✼彼のいいところを探してほめる

彼のちょっとした長所や秘めたる可能性に目を向けることも、ぜひ意識して行ってください。

「彼よりも私のほうが会社での地位は高い」とか、「私は彼よりも３００万円も多く稼いでいる」とか、事実そうであったとしても口にしてはいけません。

口にしてよいのは、賞賛の言葉です。**彼のいいところ、それも目立つことだけでなく、地味にいいところを探す**ことです。

たとえば、ふたりで並んで歩いているときに、何気なく車道側へまわってくれたり、カフェであなたのお水のグラスがあいていたら、お水を頼んでくれたりなど。彼がなにかしてくれたことに気づいたら、「ありがとう。優しいんですね」と伝えましょう。

また、彼が得意なことの知識を披露してくれたら、「すごい。よく知っているんですね。さすがです」と素直に感嘆の言葉を表します。

「この人は自分のことを理解してくれる」と、彼にとって特別な存在になれるでしょう。

また、「すごいですね」と面と向かってほめるのはもちろんのこと、**彼がいないところで、積極的にほめる**のもいいことです。

「彼は車の運転がすごくうまいの。やっぱり男性って頼りになるわ」

「彼ってグルメで、美味しいところに連れて行ってくれるだけじゃなくて、お料理も上手なの。それが本当に美味しいの」

というように、彼のすごいところを「すごい」とほめたたえ、周囲にもアピールしてください。直接あなたから言われるのもうれしいですが、**周囲から間接的に伝わるのも効果的**です。

✼男性が喜ぶ3つの言葉

普段てきぱきと部下に指示を出し、取引相手にプレゼンをしていると、どうしても普段の会話でも仕事モードになりがちです。ついつい理論的に会話を進めたり、強い口調になったり、上から目線の話し方になってしまうこともあるのではないでしょうか。

そんなあなたのために、男性が喜ぶ3つの言葉をお教えしましょう。

それは。**依頼、感謝、承諾**の言葉です。

●依頼「**お願い！**」

男性は女性に頼りにされたいと思っています。たとえどう見ても頼りにならない男性だとしても、またどちらかと言えばこちらが頼りにされているように感じるタイプの男性でも、女性からお願いされるとうれしいものなのです。

●感謝「**ありがとう！**」「**楽しかった！**」

男性でも女性でも同じです。感謝されれば「やってあげてよかった」と思いますよね。「ありがとう」と言われてうれしくない人はいません。素直に感謝の気持ちを伝えるだけでいいのです。

●承諾「OKです！」「いいですよ！」

時々、まず否定するのがクセになっている女性がいます。最初に出てくる言葉が「でも…」だったら？　男性はやる気をなくしてしまいます。まず承諾する、細かいことはあとから伝えましょう。

この3つの言葉を意識して会話に取り入れてください。

優しく、明るく、可愛く言えたらもっと効果的です。仕事のできる賢いあなたが、そんな口調で伝えたら、内心ドキッとしながらも、喜んであなたの希望をかなえてくれるでしょう。

そして最後に、忘れてはいけないのが**笑顔で話すこと**です。男性に愛される女性はいつも笑顔です。

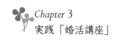

✼謙虚であることを忘れずに

仕事の成功と高収入を実現した女性は尊敬に値しますが、謙虚であることを忘れてはいけません。

学歴・年収・社会的地位に限らず、身長・体力・知力・人づきあいの能力など、すべての面で自分よりも上の男性でなければ尊敬できないというのでは、あまりに身勝手です。

男性には強くたくましくあってほしいと望んでいながら、「私は年収1千万よ」と顕示したり、男性と張り合ったりというのは、矛盾しています。なおかつ、「でも、デート代は絶対に男性に支払ってもらいたい」というのもおかしな話です。

男性から愛され、尊敬され、結婚を望まれる女性になるには、**謙虚な姿勢で人に接することが大事です。**

自分が今、こうしてよい仕事についているのは、たまたま運がよかったからなのだ、と思うぐらいでちょうどよいのだと思います。自分の能力をひけらかす女性はみっともないものです。

男性は、そんなことをいちいち口にしません。「自分は今こういう仕事を任されていて、責任重大なんだ」と話すことはあっても、けっして吹聴しているわけではないのです。ましてや、「俺ってすごいだろ。どうだ、まいったか」とばかりにまくしたてる男性など滅多にいません。

「まあ、それは大変ですね」「頑張ってくださいね」と女性に言われて、内心密かに喜ぶ程度です。仕事をする女性にとって、これは見習ったほうがよい点です。

どれだけ力を尽くして仕事をしているか、どれほど優れていて、どれほど成果を挙げているかは、ことさら説明せずとも、なんとなく相手に伝わるものです。

ですから、あなたは仕事のことなど、あえて話題にするには及びません。たまにちょっと触れる程度で十分です。

それよりも、あなたが知らないことを彼が知っていたら、「わあ、すごいですね」と感心することのほうが、よほど効果的です。

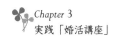

この人といるとなぜか心地よい、嬉しい、楽しい、と彼に感じさせましょう。この居心地よさを手放したくない、と思ったとき、男性は結婚を決意します。

この居心地のよさは、あなた自身についても言えることです。「なんだか、一緒にいるとラクだし、気分が落ち着いて、癒される」男性こそ、あなたにとって理想のパートナーです。

✼男性と競い合うのはやめましょう

女性が男性と勝ち負けを争っている限り、幸せは訪れません。仕事上、女性も男性と張り合う場面は多々あるでしょうが、**プライベートタイムまでビジネスモードで男性と競ってしまうのは愚かなこと**です。

それが婚活デートの場であれば、なおさらです。

交際中らしい男性と女性が連れ立って、おしゃれなバーでカクテルを手にしているのに、どう見ても女性のほうは仕事モードのまま、なぜか好戦的に腕組みなどしている。あなたはそんな女性を目撃したことはありませんか。私など、「まあ怖い」と目をつぶりたくなってしまいます。

相手の男性は、「可愛げのない女だなあ」と思っているに違いありません。それだけならまだしも、「これじゃ、とても結婚なんて無理だな」と冷静にジャッジを下しているかもしれません。男性に「怖い」「イタい」「可愛げがない」と思わせてしまったら、もうアウトです。

婚活デートでは、相手の男性に対する態度を仕事相手の男性に対するものとは別のものにする必要があります。仕事ではいくら男性と競い合ってもいいですが、**仕事を終えたら、本来の自分に戻り、意識して女性らしさを表現する**ようにしてください。

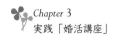

ある女性は仕事においてはまったく隙がなく、まさしくバリキャリといった印象だったのですが、ある男性と出会い、デートをするようになると、彼の前では仕事のできる女性の顔から、可愛らしく魅力的な女性の顔へと、ごく自然にモードチェンジができるようになったのです。

私は、カウンセリングを受けていた頃とは別人のようになった彼女の姿を大変喜ばしいことだと思いながら見守っていました。彼女の女性らしさは、もともと彼女が本来持っていたもので、無理やり演じていたわけではありません。仕事の顔を表に出していたために、本来持っていた女性らしさが陰に隠されていただけ。彼に出会ったことでそれを表現できるようになったのです。私は、彼女が幸せになれると確信しました。

彼女は、彼からプロポーズの言葉とともに、赤い薔薇を99本贈られたそうです。99本の赤い薔薇は「永遠の愛」を意味します。薔薇の花束を嬉しそうに抱えたふたりの写真を送ってくれました。

後日、ふたりは婚約の報告に来てくれました。そのときの彼女は本当に幸せいっぱいでした。

結婚が決まってからの彼女は、仕事の面では以前と変わらずバリバリですが、彼には思いきり甘えているようです。

✼結婚できる女性とできない女性の違いは「包容力」

男性が女性に望むのは、**「どんなときでも自分を受け入れてくれること」**です。

結婚相手の女性に求めているのは、安らぎと癒しなのです。

それをわかっている女性は、「男のくせに」などと、彼のプライドを傷つけるような言葉は口にしません。

他人の悪口を言うこともありません。

他の男性を褒めちぎって彼の嫉妬心をあおったり、他を褒めることで相対的に彼を貶めたりするような意地の悪いことはけっしてしません。

「そういうときはこうしなさい」と、干渉することもありません。

結婚できる女性は、男性を喜ばせるにはどうすればよいか、ちゃんと心得ているのです。

そこが、結婚できる女性とできない女性の大きな違いであり、それは包容力の差だといえます。

包容力がある人は、相手のことを思いやることができます。相手が何をしてほしいかがわかり、それをしてあげることができるのです。それは人間力と言い換えてもいいかもしれません。女子力が高ければ恋愛はできるでしょうが、**結婚に至るために必要なのは包容力であり、人間力です。**

彼が話したことに対して、「あなたの言うとおりだと思う」とまずは賛同を示し、彼の理解者であることを伝えましょう。そして、「あなたって本当にすごい。私にはとてもできないわ」とほめることです。

彼の一番の理解者であり、何があっても彼の味方であることを伝えるのです。

仕事でつらいことがあっても、あなたの顔を見たとたんに気分が晴れ、あなたのそばにいるだけでほっとする、何でも話せる、となっていくに違いありません。

彼にとって最大限の心地よい女性になれば、彼が結婚を決意する日が来るのもそう遠くはないはずです。

5 決断のときはいつか
――結婚へのカウントダウン

✲彼の育った環境を見極める

育ちがいい女性が男性から好まれるように、あなたにとっても「育ちがいい」男性かどうかは重要です。

ご両親やおじいちゃん、おばあちゃんから大切にされ、人として教わるべきことをきちんと教えられて育った人は、常識があり、心があたたかくて愛情豊かで、人に優しく誠実に接することができます。それは**人の痛みがわかる人、人を傷つけるようなことをしない人**でもあります。

そういう相手であってこそ、結婚生活はうまくいきます。

幼い頃からいままでに、どのような家庭で、どんなご両親から、どうやって育てられてきたかがとても重要で、それは後になって塗り替えられるものではないのです。愛情不足の環境に育った人は、愛されることがどんなに幸せかを知らずにいるため、愛し方も愛され方も上手ではありません。あなたがいくら頑張ったところで、それを変えていくのは至難の業といえるでしょう。

見た目のよさや学歴、年収よりも、**その人自身の本質をしっかりと見極めるようにしてください。**

あなたにとって一番の理解者であり、味方になってくれる男性でなければ、どんなにかっこよくてお金持ちであっても意味がないのです。

仕事ができる女性には、相手の人間性を見抜く力もあるはずです。

あなたの彼は、自分の親や兄弟姉妹を悪く言ったりしていませんか。家族の記念日をないがしろにしていませんか。そういう男性は、たとえ結婚したとしてもあなたを大切にしてくれない可能性があります。

結婚を決める前に、ぜひ彼の育った環境を確認してください。

✼相手の家族に会うのはいつ?

結婚を意識し始めたら、なるべく**早い段階で相手のご両親とお会いする**ことをおすすめします。

「まだ、婚約もしていないのに早すぎる」と思いますか?

そんなことはありません。

私が早く相手の両親と会ったほうがいいと思うのには2つ理由があります。

1つめは、もしあなたが彼との結婚を迷っているなら、両親と会うことである程度判断することができるからです。

彼の育った環境を確認するには、彼の両親に会うのが最も手っ取り早い方法です。

それも実家を訪ねて彼の育った環境を知ることができて、さらに彼の兄弟姉妹にも会うことができればなおいいですね。

だいたい**ご両親に会えば、彼がどんなふうに育ち、どういう人間なのかはわかりま**

す。彼について何か心配なことがあったらそれを払拭させてもらえる可能性もありますし、逆に「やっぱりやめておこう」となるかもしれません。いずれにせよ、判断基準のひとつになりますので、ご両親と会うのは早いほうがいいでしょう。

お互いが良ければいいというわけにはいかないところが結婚の難しいところです。昔ほどではないとはいえ、いまだに家と家の問題という感覚も残っています。親世代の年齢が上であればなおさらです。どんな家なのか、あまりに自分の家とかけはなれた環境や考えではないか、などをしっかりみてきましょう。あなたが仕事を続ける前提なら、女性の仕事に理解があるご両親かどうかも確認ポイントです。

2つめは、あなたの気持ちがかなりかたまっているなら、**両親に会うことは彼に決断を促すことになりえます**。あなたを両親に会わせるとなれば、彼のほうにもそれなりの覚悟が必要になるからです。

そして、あなたが彼のご両親に気に入ってもらえたら最高にラッキーです。彼が結婚になかなか踏み出せなかったとしても、ご両親が応援してくれるはずです。外堀をうめて、援護射撃をしてもらうという作戦はきっとうまくいくと思います。

彼のご両親に会って、なんとなくふたりが結婚の方向に向いてきたら、そこが**あなたのご両親にも彼を会わせるタイミング**です。

自分の両親ですので、根回しはしっかりできますね。自分の親にぶちこわされたというような、泣くに泣けないことが起きないように、彼の情報をあらかじめある程度伝え、両親にも心の準備をしてもらっておきましょう。

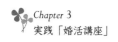

✼彼の友達に紹介してもらおう

あなたが決断に迷っていたとしたら、彼の育ってきた環境を判断するもうひとつの基準になるのが、彼の周りの友人たちです。**彼が親しく付き合っているお友達に会わせてもらいましょう。**

それまでの人生をどういう仲間とどのように過ごしてきたかは、彼の友人、それも学生時代の仲間と会うとかなりわかるものです。似たような環境で育った人たちが集まっていることが多いでしょうから、そこに自分が入って違和感がないか想像してみましょう。彼の仲間とすぐに打ち解けることができればいいですが、全然世界が違う人達だと感じ、なんとなく居心地の悪い思いをするようなら、ちょっと冷静に一歩ひいて考えたほうがいいかもしれません。もし彼とうまくいって結婚することになれば、その友人たちとの付き合いも必要になるわけですから。

また、親しい友人と一緒にいるときには、あなたの前で見せているのとは違う、別の一面も見ることができます。みんなからどう思われているのか、そのなかでどういう役回りなのかなど、**ふたりでいるときとは違う彼の意外な顔をみつけられるかもしれません。**

男友達から、あなたが知らなかった彼についての情報を聞き出せるチャンスでもあります。仕事のうえの仲間だったら彼の仕事ぶりもわかります。しっかり情報収集をしてきてください。

一方、**あなたが彼のお友達に好意をもってもらうことも大切**です。

彼が友人や仲間と集まる場に招かれたら、彼がお友達に「おまえの彼女、きれいだな」と言ってもらえるよう、念入りにおしゃれをして出かけてください。そして、きれいなだけではなく、〝控えめだけど、さりげなく気配りのできる女性〟を演じてください。

初対面の人達を相手に自分と彼のことばかりを話すのは禁物ですが、友人たちの前で彼をほめる、また、彼の前で友人たちをほめることは、どんどんやってください。

「いいお友達がたくさんいるんですね。うらやましいわ」

と、その場にいるみんなに聞こえるように言ってみましょう。彼だけでなく、彼の友人グループ全員を喜ばせることができるでしょう。

友人みんなから好意を持ってもらえれば、彼に結婚を決意させる友人からのひと押しも期待できるかもしれません。**彼が信頼している人を積極的に味方につけておくこと**は絶対有効です。

✽彼を女子会仲間に会わせるのは

彼の男友達に会ったあと、彼に「僕もあなたのお友達に会ってみたいな」と言われたらどうしましょう。

よく、「彼を女友達に紹介してはいけない」と言う人がいます。

女子会というのは抜け駆け禁止の「結婚しないよね同盟」なのですから、彼氏など紹介しようものなら、彼のあら探しをして悪く言って、あなたを思い留まらせようとするでしょうか。

そうすると、「やっぱり、彼とはうまくいかないかもしれない」と思うようになって気持ちが冷めてしまうということになるでしょうか。

もちろんあなたの女子会仲間がそんな人達だとしたら、彼には会わせないほうがいいかもしれません。それよりもむしろ、その女子会から脱退すべきでしょう。たとえ、今まで女子会があなたのストレス発散の場であり、ある意味心の支えであったとしても、そこから卒業してください。

ちなみに私は、私どもの会員に**「婚活をするなら女子会は禁止！」**と言っています。「傷をなめ合う」「抜け駆けをさせない」女子会も実際存在していると思うからです。そんな女子会に出てもなんの意味もありません。

もしも「たまには女同士で思いきりおしゃべりしたい！」というときには、独身者だけではない、既婚者の女子会に参加しましょう。きっと結婚の先輩として、いいアドバイスがもらえるでしょう。女子会参加も意義のあるものになりますね。

独身同盟のそんな女子会は卒業するとして、さて、彼に女友達を会わせるかという問題です。

あなたに**心から信頼できる女友達がいるのなら、彼に会ってもらうべき**です。彼にあなたをもっと知ってもらうためにも、また、彼があなたの友達にも好意を持って、「こういう素晴らしい友達がいる女性なら間違いない」と思ってもらうためにも必要なプロセスだと思います。

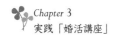

✲決断前に確認しておかなければならないこと

ゴール目前になったら、彼に確認しておくべきことがあります。

今まで聞きにくい質問をいくつかスルーしてきましたが、結婚前にははっきりしておくべき事柄です。

それは、①**家族**、②**お金**、③**仕事**、④**宗教**、⑤**健康**で気になることがあるかです。

どれもはっきりせずに結婚して、あとで「知らなかった」では済まされない問題になる可能性があることです。また、ふたりの間には問題がなくても、家族やお金の問題が明るみにでて、最終的に結婚に至らないケースもあるのです。

年収がそこそこあると安心していたら、実は彼が多額の借金を抱えていたとか、彼自身は宗教に無関心だけど、親がある新興宗教の熱心な信者で結婚したら入信をすすめられそうだとか。また、今は東京で仕事をしているけれど、いずれは実家に戻るつもりなので親の面倒をみてほしい、などというのもよくある話です。

お金の問題は微妙なので、話題にしにくいですが、お金についての価値観を知っておくことは重要です。相手の金銭感覚があまりに違うと結婚後の生活がうまくいかなくなることは目に見えているからです。

お見合いやデートをし始めた頃はお互いに核心的な部分については触れずにいたかもしれません。言いたくないことは言わずに、相手に見せたいものを見せてきましたが、いざ結婚となったらそういうわけにはいきません。

結婚してから「こんなはずじゃなかった」とならないためにも、**気になることは相手にすべて尋ね、きちんと説明してもらい、納得してから最終段階に進みましょう。**

✻最終段階の絞り込み、そしてクロージングへ

かぐや姫は花婿候補を3人に絞り、無理難題をふっかけて3人を苦しませた末、結局は月へ帰っていきました。かぐや姫は、結婚する気など端からなかったのです。

結婚を望んでいる女性の場合は、候補者全員とお別れしてしまうなんて、ばかなこ

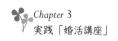

とをしてはいけません。

3人のうちふたりとお別れすることは、あっていい、というよりも、そうしないといけません。最後はひとりに絞らないといけないのです。**ごく自然と、ひとりに絞り込まれていく**と思います。あとのふたりとは、もう連絡をとらず、そっとお別れすればよいのです。相手のほうでも、「自然消滅という感じだな」とわかるはずです。

私の相談所では、会員の女性があるひとりの男性に絞り込んで真剣交際をすることに決めると、それまでお付き合いを進めてきた他のふたりの男性に、相談所からお断りの連絡を入れます。そして、女性が真剣交際に意識を集中できるよう、全力を挙げてサポートします。

「この男性が一番」と絞り込み、真剣交際に進むと、ほとんどの場合、そこから1週間~1か月で成婚という運びになります。

これをビジネスの現場におきかえていうと、営業マンが努力の末にいよいよ顧客と契約を交わす「クロージング」の場面です。

✼女性のあなたからプロポーズも

女性が男性を選び、女性のほうからプロポーズすることが当たり前になりつつある時代です。あなたも、「この人こそ」と思う男性に出会ったなら、結婚を前提にお付き合いを深め、クロージングへと向かっていってください。と同時に、男性のほうから「結婚しよう」と言ってもらえるように、上手にリードしていくことも大事です。

そのために必要となるのは、「私と結婚したらこんなにハッピーな時を過ごせるのよ」と、言葉と態度で示すことです。

男性と女性のどちらかが結婚というものに対して戦略的に臨むならば、デートするだけでは終わらずに、必ず結婚へと至るものです。その反対に、なかなか結婚が決まらないのは、男女双方がおどおどと遠慮しながら付き合っているからです。

「本当にこれでいいのかな。大丈夫かな。この女性とうまくやっていけるかな」と、不安を感じてしまう男性も多いようです。

そんなとき、女性のほうがリードして「結婚しましょう」と言い出せば、男性も心が決まり、「きっと大丈夫だ。うまくやっていける」と自信を持つことができます。

女性から男性にプロポーズしてよいのです。

あなたも、大好きな彼にこう言ってあげてください。

「結婚しましょう。あなたを幸せにします」と。

そうすれば彼も言ってくれるでしょう。

「ありがとう。僕も君を幸せにするよ。結婚してください」と。

そこから先の人生は、これまで以上に楽しく、豊かで実り多いものになっていくはずです。

もう、ひとりで肩肘張って生きる必要はないのです。

あなたは、人生を共に歩む永続的なパートナーを得たのです。

誰かと一緒に生きていくことは、物心両面で豊かになり、幸せになることです。

あなたにはその資格があります。

女性はみな、幸せになるために生まれてきたのです。

Chapter 4

5つの成婚事例から、幸せをつかむ方法を学ぶ

■幸せな結婚をした先輩たちのメッセージを受け取って

・婚活を「プロジェクト」と考えて戦略を立てる。
・戦略に基づいて戦術を展開する。

その際に必要とされる一つひとつの事柄について、さまざまな場面を想定しながら、具体的にお話をしてきました。

自分ひとりではどうしても婚活がうまくいかないという場合は、プロの力を借りることをおすすめします。弊社マリーミーが誇りとしているのも、婚活成功へと導く的確なアドバイス力と万全のサポート力です。アドバイザーがつきっきりでフォローをすれば、成功率は格段に上昇します。

ここで、私どもの数ある成功例のごく一部ながら、いくつかをご紹介しましょう。参考にしていただけるところはたくさんあると思います。

1 尊敬婚のサクセス例 その❶
彼女のリードから、尊敬し合える関係に

女性41歳・編集プロダクション経営・年収１０００万円超
男性36歳・会社員・年収５００万円

この女性は、某有名大学を卒業すると同時に、飲食業界のＰＲ誌などを手がける編集プロダクションに就職し、現在は独立して自分の会社を経営しています。彼女は自分と同等の学歴ならびに同等の年収（１０００万以上）という条件で結婚相手を探していましたが、その年齢からいって、婚活はいささか難航していました。

そこで私は、その条件（学歴や年収）をすべて一度捨ててみること、そして自分の好みだけで候補者を探してみることを提案しました。

そうして彼女が選んだ男性は9人。その9番目に運命の人がいたのです。

彼は彼女より5歳年下で、年収は500万程度、食品の買い付けの仕事をしている会社員でした。

彼女は「食」に関する記事を数多く手がけてきたベテラン編集者で、現在は編集プロダクションの社長です。対して彼は会社員ですが、ワインやチョコレートなどの食材を買い付けることを専門とするプロのバイヤーです。仕事柄、「食」に関する情報に精通しているという共通点がありました。

それに加えて、ふたりともおいしいものを食べたり飲んだりすることが大好きで、評判のレストランやビストロ、スイーツのお店めぐりをすることは、趣味と実益をかねた一大関心事だったのです。

ふたりは初対面から話が合い、おおいに盛り上がったそうです。もとより、彼女は好みのタイプの男性とデートをしているわけですから、楽しくないはずがありません。いろいろと話をしていくなかで、「ワインに詳しい彼って素敵」と胸がときめき、一緒に過ごす時間が楽しく、どんどん好きになっていったようです。

彼のほうでも、彼女のことをとても気に入りました。これまでにお見合いした他の女性のように、デートの準備を丸投げするなどということはなく、打てば響くような快い対応をしてくれたことが新鮮だったし、とても嬉しかったそうです。

たとえば、「今度のデート、和食・イタリアン・中華のどれがいい？」と彼に選んでもらい、「イタリアンがいいな」と答えが返ってきたなら、「オーケー。では私がよさそうなお店をチョイスして予約しておくわね」というように、彼女の側が上手にリードしていくことによって、彼の負担を軽減し、リラックスしてデートを楽しむことができたのです。

彼女の場合は典型的な仕事大好き人間でした。会社を経営しているのですから、抱えたプレッシャーも相当大きく、それだけ身につけた鎧も重かったと推測します。仕事をしすぎる女性のダメな点を私からズバズバ指摘され、そのたびに毎回よれよれにへこみながらも、少しずつ〝女性らしさ〟を取り戻していきました。それが彼に出会ったことで、一気に花開いたのです。

「彼と一緒にいるときは、仕事のときの鎧を脱ぎすてて、〝ただの女子〟になれました。素の私のダメなところもすべて見せることができ、素直に甘えることができました。彼は人間として誠実で、信頼できる人です」

年収が彼女のほうがかなり多いこともまったく気にならなかったといいます。

「彼が自らの仕事に誇りをもっていること、仕事が好きな人だとわかり、さらに私の仕事にも理解を示してくれて、尊敬し合える人だと感じています。くつろげて、何でも話せて、でも時にはそれぞれ自分の仕事に集中できたりする。私にはもったいないくらいの素敵な人です」

彼のほうはと言えば、「最初は記念受験（！）のつもりでお見合いを受けた」のだそうです。自分の倍以上の年収がある高学歴女子からお見合いリクエストが来たのですから、びっくりしても不思議はありません。でも、実際に会ってみると、とても居心地がよく、そばにいてくれると癒され、素で接している自分がいたそうです。

「彼女が仕事を一生懸命やっている姿も、人として尊敬でき、お互いに高め合っていくことができると思いました。これからもずっと仲良くいつまでも手をつないで歩いていけるふたりでいたいと思います」

最初の出会いこそ彼女からの見た目重視のオファーでしたが、会って話をしてみたらお互いの仕事や趣味に共通項があり共感を持てたこと、ただ一緒にいるだけで楽しくて、心地よく、お互いに素の自分でいられると感じられたこと、そしてお互い人間として尊敬し合える存在であったことが大きかったようです。

彼女がコメントの最後に、こんな言葉を寄せてくれました。

「こんな人が独身でいてくれたなんて、神様に感謝です」

きっと彼も同じように思っていることでしょう。そんなふたりは今、お互いに尊敬し合い、支え合い、毎日仲よく、新婚生活を楽しんでいます。

2

尊敬婚のサクセス例　その❷
人間力でつかんだ幸せな週末婚

女性42歳・医師・年収1300万円・親と同居
男性36歳・国家公務員（自衛官）・年収600万円

ここで登場していただく女性は、大変に優秀なお医者さまです。地方の大学病院の勤務医ですが、今は診療部長という責任あるポストについています。

しかし、私が初めてこの女性にお会いしたときは、正直に言って、婚活アドバイザーを引き受けてよいものかどうか、ためらいました。

なぜなら、彼女はあまりにも服装にかまわない人で、顔はノーメイクに近く、髪型もまるで色香の感じられないショートヘアで、お世辞にも今から婚活をする女性には見えなかったからです。

しかし、こういう言いにくいことを指摘するのも婚活アドバイザーの役目です。ですから、「髪を伸ばしてくれますか。スタイリストが選んだ服を着てくれますか。私のアドバイスを聞いてくれるならお引き受けしましょう」と伝えました。

そんなあるとき、ある婚活パーティに出かけ、その場にいたある男性から、「お母さんみたいな感じがする」と言われ、ひどく落ち込んでしまったことを打ち明けてくれました。

さあ、そこから、彼女は本気で自己改造に取り組み始めました。私のアドバイスにしたがって髪を伸ばし、メイクもファッションも大幅にチェンジし、3か月後にはおしゃれな雰囲気の女性に大変身したのです。そこで本格的に婚活スタートです。

「これなら絶対にいける」と私も確信しました。彼女の医師という揺るぎないステイタスと高収入に、女性らしい外見という武器が加わったのです。さらに、これは彼女のもともとの資質といえますが、いつもにこにこ笑顔で、とても感じが良く、人柄の良さが感じられるのです。

実は、彼女には離婚経験がありました。

婚活市場でバツイチの方はそれほど珍しくありません。子どものあるなしに関わらず離婚経験がある人を敬遠する方ももちろんいますが、それが絶対的に不利かというと、実はそうでもないのです。

なぜなら、一度結婚したことがある人は、結婚というものを現実的にとらえているからです。結婚にただ夢をみているということがありません。自分の婚活における市場価値を認識し、現実的なところで相手を探すことができます。そして何より、一度結婚を失敗していることから、どうすれば男性が喜び、どんなことをすると男性が嫌がったり悲しんだりするかが、よくわかっている人が多いのです。これは婚活においてとても重要なことです。

彼女の場合はまさにそうでした。カウンセリングの過程で徐々に明らかになっていったことですが、彼女は人に対する思いやりがあり、自分のことよりも相手を優先させるということができる女性でした。彼女の人間力が、再婚へと向けた婚活に有利に働くのは間違いありません。

さて、その婚活ですが、彼女は当初、自分よりも少し年上の男性を望んでいました。

しかし、40歳を過ぎた女性が、やや年上のハイスペックな男性に望まれて結婚へと至るというのは、残念ながら、成功の確率がきわめて低いのです。

そこで私は、「相手の年齢や年収にこだわらないこと。今はまだそれほど高収入ではなくても、素晴らしい男性が大勢いるのだから、年下の男性にも目を向けてみて」とアドバイスをしました。

また、彼女は医師という資格を持っているのですから全国どこへ行っても勤務が可能なはずで、近くに住む男性にこだわる必要はありません。全国各地の男性を候補者としましょう、とも提案しました。

そのように対象を広げ、運命の人と出会ったのです。

その男性と初めて会った瞬間、彼女は「この人だ」と直感したと言います。

彼は土地の名産品をいっぱい手に抱えて彼女を出迎えました。「お母様にこれを」と言って、おみやげに持たせてくれたのです。

「私が母とふたり暮らしなのを知って、母にまで気を遣ってくれたんです」

彼女は、そんな彼の優しさに、一気に気持ちを動かされたそうです。

ふたりの住まいは遠く離れていたのですが、多忙な中をぬってデートを重ねました。会えないときは電話で連絡を取り合い、生い立ちや家族の話などを伝え合って、心の距離をぐんぐん縮めていきました。お互いに、思いが高まっていったのはもちろんのことです。

彼女にとって、彼は年下だけれども頼りがいのある素晴らしい男性でした。彼にとっても、彼女は年上だけれどチャーミングで可愛い女性、そしてまた、尊敬に値する立派な女性でした。彼女のように優秀なお医者さんが、けっしてえらぶることなく、いつも明るく楽しい雰囲気で接してくれるのです。それは居心地がよく、ずっと一緒にいたいと結婚を決意するのに時間はかかりませんでした。

彼女の年齢を聞いて初めは難色を示すかもしれないと思われた彼のご両親も、この結婚に大賛成してくれました。「孫の顔を見たい」よりも「息子の幸せ」を願ってくれたのだと思います。

結婚したら、それまでのお互いの住まいから中間地点あたりに新居を構えて一緒に暮らす計画で、彼女は別の病院への転職を考えていたのですが、なんとそのタイミングで診療部長に抜擢されてしまい、地元を離れるわけにはいかなくなってしまいました。彼女にとって、大きな飛躍のチャンスであり、また、彼も、妻が今後ますます大きく成長していくことに理解を示してくれ、そこでふたりは、「週末婚」というライフスタイルを選びました。

結婚後も、彼女はこれまでどおりに母親と同居を続け、週末の数日を一緒に過ごすために、彼の自宅へ彼女が通うというスタイルを続けています。

「交際中から相手に対する思いがぶれることは全くありませんでした。この人とならこれからの人生、どんなことに直面しても、お互いを思いやって乗り越えていける。この人と人生をともに歩んでいきたいと強く思えたのが、決め手になりました」

彼女の強い思いと人間力で勝ち取った、まさに幸せな「尊敬婚」といえるでしょう。

3 尊敬婚のサクセス例 その❸
年収が半分でも、心から大事と思える人に

女性43歳・会社経営・年収1000万円超
男性43歳・自営業・年収400万円

彼女は一流大学を卒業後、コンサルタント会社に10年ほど勤め、その後独立。自分で会社を立ち上げ、成功した女性企業家としてたびたびマスコミにとりあげられているという華やかな経歴の持ち主でした。いままでもけっしてお付き合いした人がいないわけではなく、むしろモテていたと言っていいかもしれません。ただ、仕事に夢中で結婚願望があまりなかった、周りに男性は常にいたので寂しいと感じたこともなく、気が付いたら40歳を過ぎていました。ちょっと前まで独身の遊び相手もたくさんいた

はずなのに、ふと見渡すと周りは既婚者ばかり、このまま一生独身でいる？と自問自答の末、結婚相談所を訪れました。

年は40歳を超えているけれど、高学歴、高年収に加えて、かなりの美人で男性を惹きつける女性らしさも持っている、男性との交際経験も多く、どうすれば男性が喜ぶかもよくわかっている女性でした。

〝彼女ならすぐに相手は見つかるだろう〟という私の予想通り、登録後すぐにかなりの数のオファーがあり、そのなかの何人かと交際を始めることになりました。結果を先に言ってしまうと15人の方とお見合いをして、13人目の彼と15回のデートで結婚を決めました。

彼女が選んだ男性は、東大卒、年収１５００万のエリート会社員ではなく、同い年の彼女の年収の半分以下の内装業を営んでいる人でした。

育った環境や大学や仕事に共通するところがないにもかかわらず、出会ったときから話が盛り上がり、とにかく一緒にいると楽しくて、また会いたいという気持ちがふたりともどんどん大きくなっていったとのことでした。

彼のほうは、同い年であるけれど華やかな世界で働く彼女に憧れと尊敬の気持ちを抱いていたようです。おそらく彼のほうが先に結婚を意識していたのでしょう。毎日、メールや電話での連絡を欠かさず、仕事終わりに彼女を迎えに行き、積極的にアプローチしました。彼女のほうも、もちろん悪い気はしません。そんな彼のやさしさや愛情深いところにどんどん惹かれていったようです。

ただ、彼女にはひとつ気になることがありました。デートがいつも割り勘だったことです。

「自分のほうがたくさん稼いでいるのだから、ふだん割り勘でも全くかまわないのだけれど、たまには安いお店でいいからご馳走してほしい、いや、ご馳走するよと言ってくれるだけでもいいんです。まさか私の収入をあてにして結婚しようとしているとは思わないですけど、どうしてもそこが気になってしまって」

デートを重ねるうちに、彼女がそう言って私のところへ相談にきました。

そこで私は「彼と次に会うときは、自分からお財布を出すのをやめてみなさい。何かチケットを買うなら、私はここで待ってるわ、と彼に並んでもらって買ってきてもらうのよ」と、次のデートで彼を試すことを提案しました。

次の面談に現れた彼女は、幸せいっぱいの笑顔で、「彼が全部払ってくれました!」と報告してくれました。

その場で彼女は彼に気になっていることをすべて話したそうです。彼は拒まずすべて受け入れ、彼女がいやなところは直すと約束してくれました。彼が自分のことを心から大事にしてくれると感じ、この人となら「これから起こるいろいろなことを乗り越えていける」と確信でき、心が決まったそうです。

彼女は結婚後ももちろん仕事を続けていましたが、なんと赤ちゃんを授かり、45歳で出産したといううれしい報告をもらいました。40代からの子育て、しかも仕事も続けて、というのは大変でしょうが、優しいご主人がきっと全面的にサポートしてくれていることでしょう。

4 プロのアドバイスを忠実に実行 手に入れた理想の結婚生活

女性40歳・イラストレーター・年収平均300万円前後
男性47歳・会社員・年収1500万円

彼女はとてもきれいで上品な女性です。性格は素直でおだやか、ふんわりとしたやさしい雰囲気を漂わせています。また、口数が少なく、言葉を選んで話す様子からは、頭の良さが感じられます。

いままでなぜ結婚できなかったのか不思議になるくらいでしたが、自宅を仕事場にしているため、仕事で外に出る機会が少ないこと、プライベートでも、夜、友達と飲みに出かけたり、合コンなどに出たりということがあまり好きなほうではないので、男性と出会うチャンスが少なかったようです。

あと考えられるとしたら、清潔感ある上品な着こなしをしているのですが、色がおとなしすぎて地味な印象を相手に与えてしまうかな、ということくらいでした。

イラストという自分の好きなことを仕事にしていて、これからもずっと仕事を続けたいと考えているのは素晴らしいことです。ただ、フリーの仕事という立場上、収入が不安定なので、将来ずっとひとりでやっていくのは不安があります。経済的にも精神的にも支えてくれる人と結婚をして、ふたりでやっていきたいというのが彼女の希望でした。

それならば、ということで、プロフィール欄での自己ＰＲ文は、次のように書いてもらいました。

「イラストを描く仕事をしています。自宅で作業をするので、時間配分は自由に調整できます。毎日きちんと家事をこなし、夫の帰宅をあたたかく出迎える妻になりたいと思っています」

このアピール文が功を奏し、立て続けに８人の方とお見合いをする運びとなりました。婚活アドバイザーである私から見て、8人の中で最も条件が良く、この男性ならきっと彼女のことをいつまでも大事にしてくれると思えるのは、2人目の方でした。

彼女のほうで一番気になっていたのもその方でした。条件がとても良いだけではなく、誠実そうでなんとなく信頼できそうな人だと感じていたこと、彼のほうから毎日メールが来て、私のアドバイスに背中を押されたのもあり、徐々に気持ちが傾いていったようです。

そこで、彼女にはヘアスタイルやメイク、ファッションの講習を受けてもらいました。ここは彼女のまじめな性格が出ていたと思うのですが、婚活アドバイザーのいうことをしっかりとノートにメモし、100%そのとおりに行動したのです。もともときれいな女性でしたが、さらに明るい華のような面が加わり、いっそう女性らしく魅力的になっていきました。

さらに、彼女との結婚生活を具体的にイメージしてもらえるよう、自宅での作業風景を写真に撮って彼に見せるという、ちょっとしたテクニックを使っていただきました。もちろん、仕事がしやすいようにきちんと整理整頓され、掃除の行き届いた、彼女自身のきちんとした性格まで表すような写真です。

彼のほうが次第に真剣になっていっているのは、彼女からの報告で伝わってきました。

あるとき、「彼から〝どうしても見せたいものがある〟と、北海道へ誘われたのですが…」と彼女から相談を受けた私は、「彼はきっと、これまでで一番感動した、雄大な景色をあなたに見てもらいたいのでしょう。感動を共有することは大事だから、ぜひ行っていらっしゃい。ただし、婚約するまでは、泊まりの旅行はやめておきましょうね」と言って送り出しました。

そうして出かけた北海道で、彼女は婚約指輪を手渡されたのです。それがなんと3回目のデートでの出来事でした。彼女はしばらく考える時間をもらうことにしました。

北海道に誘った時点で、彼の気持ちは固まっていました。あとは彼女が心を決めるだけです。

北海道でのプロポーズ以降、彼のリードによって、休日はデートを純粋に楽しみ、平日の夜はほとんど毎晩1～3時間、電話で話すことで情報交換をしたそうです。メールではなくあえて電話で、生い立ちから今に至るまで、家族について、将来の夢など、ありとあらゆる話を交互にしていくうちに、お互いの共通点や同じ価値観を見つけ、互いへの信頼感が生まれ、相手への気持ちがどんどん高まっていったといいます。電話の時間が日ごとに長くなり、切るのが惜しい気持ちになっていったそうです。そして7回目のデートで、彼にイエスの返事をしたのです。

正式に結婚が決まるとすぐに、彼はふたりの新居となるマンションを購入しました。その一部屋を彼女の仕事場として用意を整えてくれたのです。

今では、朝は彼を送り出したあと、マンションの仕事部屋で好きな仕事を自分のペースで続け、彼が帰ってきたときには、あたたかい食事をつくって迎えるという彼女の理想だった新婚生活を幸せに送っています。

5 母親から自立できたこと 価値観がぴったりの男性とゴールイン

女性34歳・会社員・年収４００万円・親と同居
男性39歳・会社員・年収８００万円

３人姉妹の長女である彼女は、婚活を始めてから2年が経っていました。その間に50人以上の方とお見合いをしていました。そのなかには彼女が「いいかも」と思う方も何人かはいましたし、相手のほうから積極的に進めたい意向を示されたりしたこともあったのですが、結婚には至りませんでした。婚約直前まで行ってダメだったことがあり、「もうしばらく婚活はお休みしようかな」と悩んでいるところで、私のもとへやってきました。

２年間も婚活を続けるというのは、経験している人ならわかると思いますが、本当に大変なことです。併行して何人かとデートをしていくことになるため、時間もエネルギーもものすごく使います。婚活にほとほと疲れてしまうのもわかります。

私の彼女に対する第一印象は、きれいで育ちも良さそうなのに、ちょっと暗い感じがするということでした。また、典型的な長女気質で、人に甘えることが苦手のようにみえました。

婚活がうまくいかない理由はそこにあるかもしれないと思い、面談に時間をかけることにしました。

一般に、結婚相談所の面談というのは、相手に求める条件や自身のセールスポイントなどが中心で、あまり立ち入ったことは聞かないものなのですが、私どもでは、婚活がうまくいっていない場合、その理由を明らかにして、的確なアドバイスをするためには、どういった環境で育ってきた人なのかの家庭環境や、今までどんな人生を送ってきたのか、どういう将来を望んでいるのか、その人自身についてすべてを理解することが必要だと考えています。

かなり時間をかけて面談を行った結果、わかったことは、彼女とお母様の関係に問題があるということでした。

前回、婚約寸前までいったのにうまくいかなかったのは、お母様の反対にあったからだそうです。

実は彼女のふたりの妹さんは、どちらも20代のときに医師と結婚しており、お母様はそんな妹さんたちと同じかそれ以上の人でないと、長女である彼女の結婚は認めないという考えでした。それまでに何度かあったチャンスもすべて母親につぶされてきたこと、そして30歳を過ぎてなお親の考えに逆らえない自分を責める気持ちが、彼女の暗さになって表れていたのだと思います。

婚活は、明るく楽しい気分で行動してこそ成功します。このままではどんなに素敵な相手が現れたところで同じことを繰り返すだけでしょう。

彼女の場合、娘の結婚に干渉する母親だけに原因があるとも言い切れません。むしろ彼女がいまだに親から精神的に自立できていないことも大きかったのです。双方がお互いに自立する必要がありました。

時間をかけて何度も彼女と話し合った結果、私のアドバイスに納得してくれました。そして母親と向き合うことを決意したのです。

「私は自分が選んだ相手と結婚します」

今まで長女として母親に逆らうことなく従って生きてきて、自分の強い意思を示すことがなかった娘の初めての決意表明でした。

「お母さん、いつも私のことをいろいろと心配してくれて感謝してる。私もお母さんのことはとても大事に思っているし、これからもその気持ちは変わらない。ただ、結婚相手のことは、私に任せてほしいの。自分がこの人ならと思える男性と出会えたら、私はもう迷わずに進んでいきたい。だから、お母さんも黙って見守ってください」

お母様も、驚きながらも心を動かされ、理解を示してくれました。今までのお互いに依存している母娘関係から、それぞれが自立して歩み出す、よいきっかけだったと思います。

その後の彼女は、今までと比べ、みるみる明るく清々しい表情になっていきました。

「今の彼女だったら大丈夫」、私はそう確信しました。

そうして臨んだ50数回目のお見合いでは、相手の男性に会った瞬間、「これまでの方とは違う」と感じたとのことでした。彼のほうでも、最初の出会いから、成婚に至る予感があったそうです。お互いに初対面のときから相性の良さを感じ、デートを重ねるにつれて価値観の一致を見出していったのだと思います。

彼女が「この人なら」と思ったのは、自分の思っていることを遠慮せずに話すことができたこと、自然体でいられること、彼にならば素直に甘えることができたからです。そして何よりも、何に対しても寛大で、器の大きいところに惹かれたそうです。

また、彼のご両親に会って、自分の思っていたことが正しかったと確認できたとのこと。どちらのご両親からも心から祝福してもらったことも幸せでした。

このふたりは、8回目のデートで結婚が決まりました。彼女はまだ34歳なので、妊娠出産の計画もあることと思います。どうぞ末永くお幸せに、とマリーミーのスタッフ一同、心から願っています。

■これからの時代、一番のおすすめは「尊敬婚」

５つの成功例をお読みになって、あなたはどう感じたでしょうか。

「これなら私にもできそう」と期待に胸をふくらませて前に進んでいってくれることを、ここに紹介した「幸せな結婚をした先輩たち」も強く望んでいることと思います。

それはもちろん、私の切なる願いでもあります。すべての女性に、特に頑張って仕事をしているアラフォー世代の女性に、幸せな結婚を掴んでほしいと心から願っています。

仕事と結婚、両方ともうまくいかせる方法があるのです。ここまで読んで、あなたもすでにお気づきのとおり、５つの成功例のうちはじめの3つは、私のおすすめする「尊敬婚」です。彼女たちは結婚後も仕事を続け、仕事と結婚の両方を手に入れることに成功しています。

男性が女性と同い年か年下のケースが多いのは、あなたと同世代のアラフォー男性は、ひとつでも年下の女性が自分以上に稼いでいると、プライドが傷つき、脅威に感じてしまうことさえあるからです。男性は自分より年下の女性と付き合うなら、自分が優位に立ちたがるものです。

高スペックの年上の男性となればなおさらです。高学歴、高収入で自分に自信があるだけに、そういう男性は何事も仕切りたがり、結婚したら妻を自分の思い通りにしたがったりする傾向があります。だからこそ自分よりずっと若い女性を選ぶのです。

そういう男性に選ばれないから消去法で年下男性に行くのではありません。あなたの側からしても、そのタイプは理想の結婚相手とはちょっと違うのではないでしょうか。「結婚するなら、相手は自分よりも年上でなければ」とか、「自分よりも年収が高い相手でなければ、なんとなく世間体が悪い」などという古くさい社会通念に縛られていると、自分が本当に求めているものを見失ってしまいます。

それに比べて年下男性はどうでしょうか。

世の中、自分よりずっと若くて可愛い女性と結婚したい男性ばかりではありません。年上女性に憧れる年下男性が多くなっているのは事実です。

実際周りを見渡してみても、女性のほうが年上のカップルがすごく多くなっていると思いませんか。

男性の側から見た年上の女性の魅力は、年上の彼女は自分を持っているから対等に話し合える、自立したいい関係を築くことができる。さらに自分が仕事で行き詰ったりしたときも、年上女性ならそれを察して優しくしてくれる。居心地がいいということだと思います。

さらに、いまの20代~30代の男性は、経済的にも精神的にも、結婚をして妻子を養っていく自信がない人が多いのです。彼らは、女性から「幸せにしてほしい」と求められると、ひいてしまう傾向にあります。でも、仕事を持ち、経済的に自立している女性なら、男性に「幸せにしてもらいたい」と一方的に求めることはないでしょう。お互い自立した関係で、結婚後もふたりで力を合わせて生活していきましょう、というスタンスであれば、男性も「結婚して妻子を養っていけるかどうか」という心配をしなくてもすむわけです。

そういう男性たちは「女性は結婚したら仕事をやめて家庭に入り、家をしっかり守るべき」などという古臭い価値観とは無縁です。基本的に女性に優しく、彼女の意志・意見を尊重する気持ちが強いので、お互い尊敬し合える対等な関係を築くことができるでしょう。あなたが仕事を続けることも理解し、協力してくれるはずです。家事の分担だって当然のことのようにこなしてくれるでしょう。

ぜひ年下男性にも目を向けてみてください。20~30代の男性は、まだ若いからこそ、バリバリ仕事をして自立しているカッコいい女性に憧れ、一人の人間としてあなたを尊敬し、愛してくれます。

あなたも、相手の男性が自分よりも年下ならば、「今はまだ若いのだから、地位や収入が低いのも当然」と思えるでしょう。そもそもあなただって、彼のお給料で養ってもらうなんて考えていないのですから。

年下の男性が落ち着いていてしっかりしていると、年上よりもさらに魅力的にみえるようです。あなたは大好きな彼の尊敬と愛情を得て、より自分らしくのびのびと生きられるようになり、女性らしさを素直に表現できるようになります。

男性と女性は、共に協力しあって生きることで、よりいっそう人間力を高めることができます。

それを叶えるひとつの方法として、「尊敬婚」という新たな結婚のかたちを提案したいと思います。

あなたがこれまで一生懸命に仕事をしてきたその実績を認めて尊敬してくれる男性、そしてお互いに愛情をもってこれからの人生を支え合っていける男性を見つけてください。

エピローグ――新しい人生のスタート地点に立ったあなたへ

✽一生ひとりでいるよりも、ふたりで生きるほうが絶対にいい！

女性が自力で婚活をするときに必要なことをいろいろとお話しさせていただきました。この本を参考に、ぜひ幸せな結婚を勝ち取っていただきたいと願っています。でも「自分ひとりでは限界がある」と感じたときには、どうぞ私たちプロの力を活用することを検討してみてください。

全国に約４０００軒の結婚相談所があるとされています。その規模は大小さまざまで、登録会員数が一桁台のところもあれば、１００名以上のところもあります。

ご参考までに申し上げると、私が主宰している「マリーミー」は、日本結婚相談所連盟ならびに日本ブライダル連盟というふたつの組織に加盟しています。マリーミーの会員の方々は約11万人（男性4・5万人・女性6・5万人）の中から、希望する相手にアクセスしてお見合いを申し込むことができるのです。

ところで気になるのは、やはり成婚率でしょう。一般的に結婚相談所での成婚率は10％～30％といわれています。

そのなかで、マリーミーの成婚率60％、私が直接担当するコースは80％というのは驚異的な数字です。なぜこんなに成婚率が高いのかというと、ブランディングとアドバイスに力を注いでいるからです。

ブランディングでは、相手に求める条件をどのように絞りこみ、こちらはどのようなチャームポイントをアピールするとよいかを、アドバイザーが会員の皆さんと相談しながらつくりあげます。一方、恋愛力を上げるために必要なファッション、ヘアメイクは、専門の講師が指導し、また、言葉づかい、仕草や立ち居振る舞いなどは、婚活アドバイザーがアドバイスを行います。そこで、どんな人にも多少はあるマイナス要素をプラスに転換し、魅力アップをはかるのです。

同時に、男性から見て、「この女性とならば幸せな結婚ができそうだ」と思わせる秘訣もお教えしています。

実際に多くの自分の仕事を持ってバリバリ稼いでいる女性たちが、より素敵な女性へと変身を遂げ、ひとりきりの人生からふたりで生きる人生へと、大きく羽ばたいていきました。

仕事ができる女性には恋愛も結婚も自由自在に操ってほしい、そして今よりももっともっと幸せになってほしいと、私たちは応援しています。

そして最後に、もうひとつだけあなたにお伝えしたいことがあります。

なにより大切なことは、結婚がゴールではないということ。賢いあなたならとっくにわかっているかもしれませんが、これが新しい人生のスタートです。私たちが力を貸すことができるのはここまでです。これからはふたりで素敵な人生をつくっていってください。

植草　美幸

[著者プロフィール]

植草 美幸（うえくさ みゆき）

婚活アドバイザー。

結婚相談所マリーミー代表、東京恋婚アカデミー校長、アパレル系人材派遣会社 株式会社エムエスピー代表取締役。

1995年に、アパレル業界に特化した人材派遣会社 株式会社エムエスピーを創業。2009年にその人材派遣業で培ったマッチング能力・人材発掘能力を生かし結婚相談所マリーミーを設立。婚活アドバイザーとして卓越した手腕を発揮し、マリーミー全体では60%、自身が担当する植草美幸コースでは成婚率80%を誇る。

著書に、『いくつになっても、結婚できる女、結婚できない女』（牧野出版）、『婚活リベンジ！（マンガでわかる）今度こそ、半年以内に理想のパートナーを引き寄せる方法』（KADOKAWA）、『モテ理論』（PHP文庫）他がある。

■結婚相談所マリーミー
〒150-0001
東京都渋谷区神宮前4-3-15 東京セントラル表参道506
TEL：03-3404-1122
URL：http://marrymeweb.com/

■植草美幸オフィシャルブログ
URL：http://ameblo.jp/miyureia/

婚活学講座　尊敬婚のすすめ

2016年12月10日　初版 第1刷発行

著　者／植草美幸
発行者／安田喜根
発行所／株式会社 評言社
　　　　東京都千代田区神田小川町2-3-13
　　　　M&Cビル3F（〒101-0052）
　　　　TEL.03-5280-2550（代表）　FAX.03-5280-2560
　　　　http://www.hyogensha.co.jp
印刷・製本／株式会社シナノパブリッシングプレス

ISBN978-4-8282-0584-7 C0095